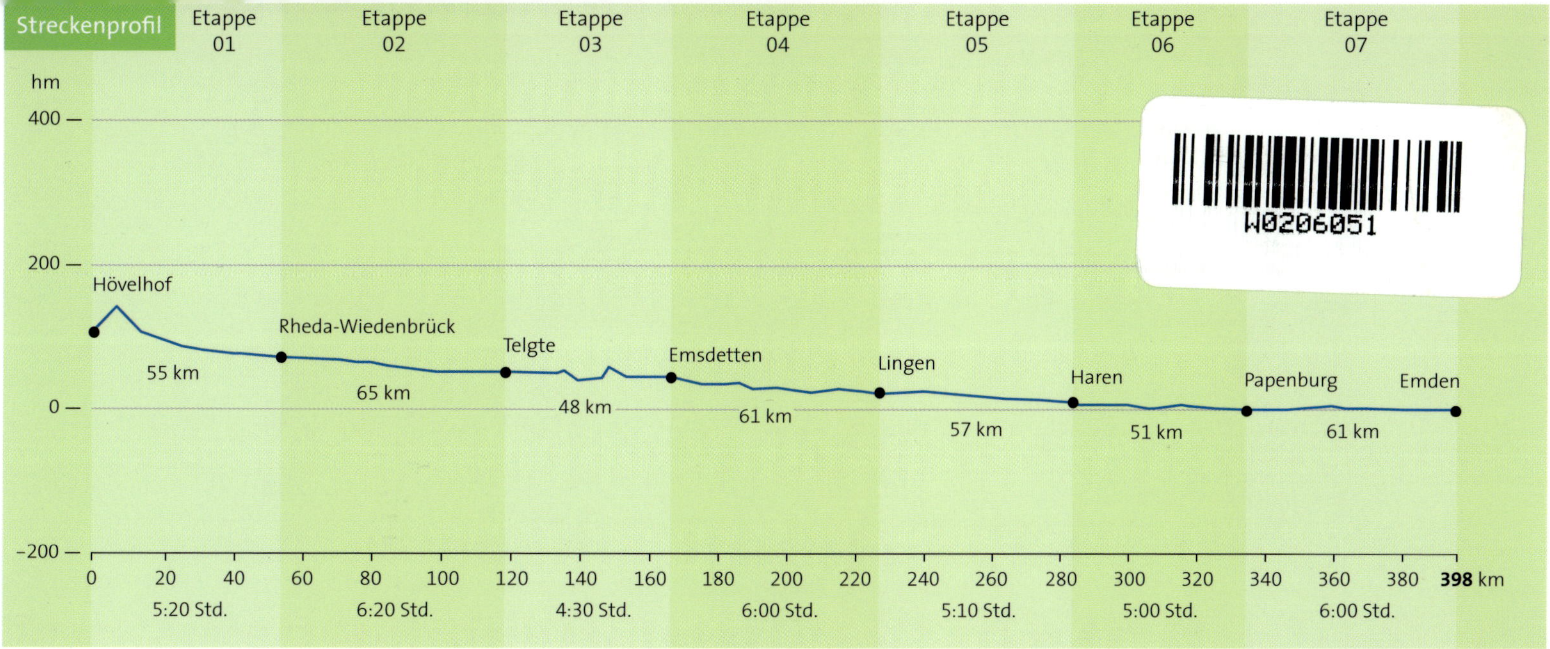
Streckenprofil
Etappe 01
Etappe 02
Etappe 03
Etappe 04
Etappe 05
Etappe 06
Etappe 07
hm
400
200
0
-200
Hövelhof
Rheda-Wiedenbrück
Telgte
Emsdetten
Lingen
Haren
Papenburg
Emden
55 km
65 km
48 km
61 km
57 km
51 km
61 km
0 20 40 60 80 100 120 140 160 180 200 220 240 260 280 300 320 340 360 380 **398** km
5:20 Std.
6:20 Std.
4:30 Std.
6:00 Std.
5:10 Std.
5:00 Std.
6:00 Std.

Die Friesenbrücke über die Ems bei Weener ist die längste Eisenbahnklappbrücke Deutschlands.

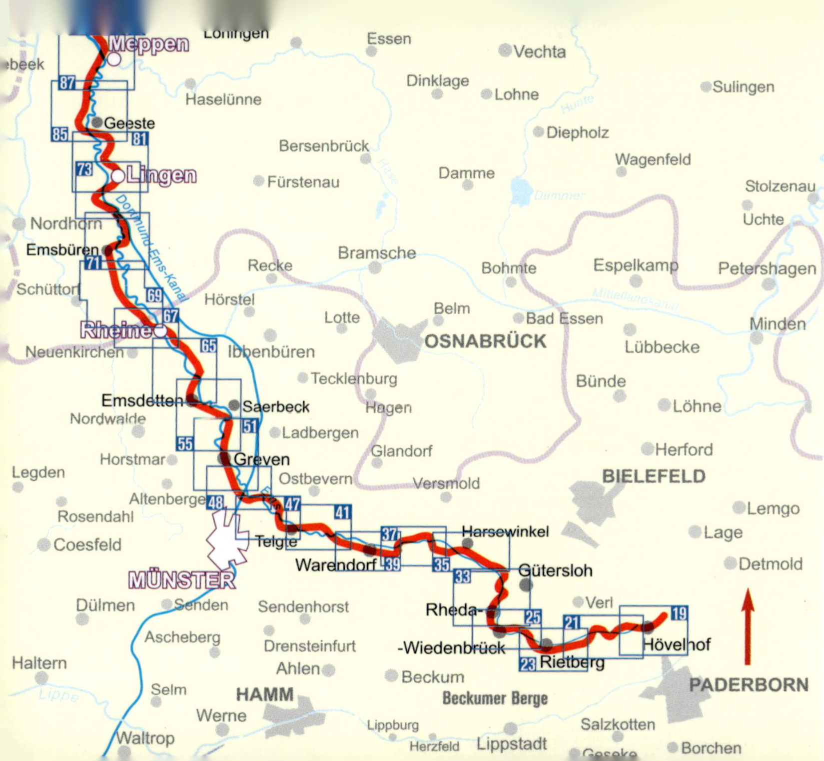
Meppen
Lönigen
Essen
Vechta
Haselünne
Dinklage
Lohne
Sulingen
Geeste
Bersenbrück
Diepholz
Lingen
Fürstenau
Damme
Wagenfeld
Stolzenau
Dortmund-Ems-Kanal
Nordhorn
Uchte
Emsbüren
Recke
Bramsche
Bohmte
Espelkamp
Petershagen
Schüttorf
Hörstel
Lotte
Belm
Bad Essen
Minden
Rheine
Neuenkirchen
Ibbenbüren
OSNABRÜCK
Lübbecke
Tecklenburg
Bünde
Emsdetten
Saerbeck
Hagen
Löhne
Nordwalde
Ladbergen
Horstmar
Greven
Glandorf
Herford
Legden
Ostbevern
Versmold
BIELEFELD
Altenberge
Rosendahl
Lemgo
Harsewinkel
Lage
Coesfeld
Telgte
Warendorf
Detmold
MÜNSTER
Gütersloh
Dülmen
Senden
Sendenhorst
Verl
Rheda-
Ascheberg
Drensteinfurt
-Wiedenbrück
Hövelhof
Haltern
Ahlen
Rietberg
PADERBORN
Beckum
Selm
HAMM
Beckumer Berge
Werne
Lippburg
Salzkotten
Waltrop
Herzfeld
Lippstadt
Borchen
Geseke
87
85
81
73
71
69
67
65
55
51
48
47
41
37
39
35
33
25
23
21
19

Watum
Emden
Wiesmoor
Loppersum
Bedum
Delfzijl
Moormerland
Uplengen
Dollart
GRONINGEN
Hoogkerk
Leer
Westerstede
Roden
Hoogezand
Scheemda
Weener
Barßel
Winschoten
Edewecht
Norg
Veendam
Papenburg
NIEDERLANDE
KONINKRIJK
DER NEDERLANDEN
Assen
Vlagtwedde
Stadskanaal
Friesoythe
Ems
Borger
Steenwijk
Westerbork
Lathen
Werlte
Emmen
Haren
Lastrup
Meppel
Meppen
Löningen
Staphorst
Coevorden
Schoonebeek
Haselünne
Hardenberg
Geeste
Dalfsen
Ommen
Bersenbrück
Zwolle
Neuenhaus
Heerde
Hellendoorn
Tubbergen
Raalte
Almelo
Oldenzaal
Deventer
Hengelo
123
119
117
113
105
103
101
97
91
87
85
81
Übersicht Emsradweg
Vom Teutoburger Wald zur Nordsee
MÜNSTER Ort mit Stadtplan
Emsradweg
Staatsgrenze
Blattschnitte der Karten im Maßstab 1:50 000 mit Seitenangabe
(Farbe enspricht dem Schwierigkeitsgrad der Tour)

Inhalt

An der Ems entlang vom Teutoburger Wald zur Nordsee

Kartenlegende siehe Seitenklappe und Umschlaginnenseite

ETAPPENÜBERSICHT

Etappe	Schwierigkeitsgrad	Dauer (in Std.)	Länge (in km)	Höhenmeter Auffahrt	Höhenmeter Abfahrt	Parkplatz	Öffentliche Verkehrsmittel	Einkehr	Übernachtungsmöglichkeit	Kinderfreundlich	Kulturelle Highlights	Rennradtauglich	Bademöglichkeit	Panoramatour	Persönliches Highlight
01	●	5:20	55	35	70	✓	✓	✓	✓	✓	✓	–	✓	✓	✓
02	●	6:20	65	0	19	✓	✓	✓	✓	✓	✓	–	✓	✓	✓
03	●	4:30	48	22	29	✓	✓	✓	✓	✓	✓	–	✓	✓	✓
04	●	6:00	61	9	32	✓	✓	✓	✓	✓	✓	–	✓	✓	✓
05	●	5:10	57	3	15	✓	✓	✓	✓	✓	✓	–	✓	✓	✓
06	●	5:00	51	5	14	✓	✓	✓	✓	✓	✓	–	✓	✓	✓
07	●	6:00	61	4	4	✓	✓	✓	✓	✓	✓	–	✓	✓	✓
		38:20	398	78	183										

✓ Ja – Nein (✓) Bedingt

Vorwort

Vom Teutoburger Wald durch die Parklandschaft des Münsterlandes und die grünen Auen des Emslandes – eine Radtour wie im Bilderbuch.

Flotte Asphalt- und Klinkerwege, im Münsterland zuweilen auch schmale „Pättkes“ (Pfädchen), folgen dem schon in der Antike unter dem Namen „Amisia“ berühmten Fluss. Die Quelle in der Senne, der größten Heidelandschaft Nordrhein-Westfalens, diente neben der nahen Lippequelle dem römischen Geschichtsschreiber Tacitus zur Lokalisierung der Schlacht im Teutoburger Wald.

Die abwechslungsreiche Verbindung von Natur, Geschichte und Kultur ist ein Markenzeichen des Emsradwegs. Schlösser wie Rheda, Felsklettergebiete wie die Dörenther Klippen, Fachwerkstädte wie Rietberg und Warendorf, stille Auen wie der Rodo, Technikdenkmäler wie die Kanalüberführung von Gelmer, Klöster und Heiligtümer wie Bentlage und Telgte, Naturschutzgebiete wie das Borkener Paradies, sagenumwobene Gestalten wie die Spökenkieker – in einer facettenreichen Folge immer neuer natürlicher und kultureller Glanzpunkte eilt die Ems durch paradiesische Landschaften den Kanälen im „Venedig des Nordens“, Papenburg, zu.

Hier beginnt das Finale ans Meer, und wieder wartet der Fluss mit einer naturgegebenen Überraschung auf, denn er fließt hier unter dem Einfluss der Gezeiten zweimal täglich flussaufwärts, begleitet von den Rufen Tausender und jahreszeitlich Zehntausender von Vögeln, die in den Naturschutzgebieten beidseits des Stroms bedeutende Rückzugsgebiete gefunden haben.

In der Seehafenstadt Emden endet der Emsradweg, die Ems jedoch mündet erst ein Stück weiter flussabwärts: Dieses letzte autofreie Stück am Seedeich bis zum Beginn des Weltnaturerbes Wattenmeer sollte man sich noch gönnen.

Bernhard Pollmann

lebt an der Nordsee nahe der Seehafenstadt Emden und hat Ostfriesland, den Ost- und Nordseeküsten-Radweg, das Emsland, das Münsterland und den Teutoburger Wald auf zahllosen Touren erwandert und durchradelt.

Er ist ebenfalls Autor der neuen KOMPASS-Radführer „Dortmund-Ems-Kanal“, „Ostseeküsten-Radweg: Von Lübeck bis Stralsund“, „Ostseeküsten-Radweg: Rügen und Usedom“, „Nordseeküstenradweg 1“ und „Nordseeküstenradweg 2“, „Ruhrtalradweg“, „Moselradweg“ und „Rund um den Bodensee“.

Bernhard Pollmann: Meine persönlichen Highlights

Am schönsten wird es immer dann, wenn der Emsradweg durch Naturschutzgebiete führt oder auf erlesene historische Ortsbilder, auf Parks und Schlösser trifft.

Der Emsradweg verbindet kilometerlanges autofreies Radeln in Flussnähe mit zahlreichen Gelegenheiten zum Verweilen in Naturschutzgebieten, in Fachwerkorten und Parks.

Emsquelle Die Ems entspringt in der Sennegemeinde Hövelhof im Wald-, Heide- und Dünen-Naturschutzgebiet „Moosheide". Etwa 500 m lang ist der durch Holzbohlenwege erschlossene Quellbereich, im dem Wasser an vielen Stellen aus dem Sennesand sickert. ▶ **Etappe 01, Seite 26**

Rietberg Die historische Residenzstadt Rietberg hat in der Altstadt zahlreiche (Fachwerk-) Häuser des 16. und 17. Jhs. bewahrt. Östlich der Kernstadt erstreckt sich die 40 ha große Parklandschaft des „Gartenschauparks" bis in das Naturschutzgebiet Rietberger Emsniederung hinein. ▶ **Etappe 01, Seite 28**

Warendorf Die „Stadt der Pferde" hat einen malerischen Altstadtkern mit Straßenzügen und Häusern aus dem 16.–19. Jh. im Umfeld der gotischen Pfarrkirche bewahrt. ▶ **Etappe 02, Seite 42**

Telgte Telgte ist der bedeutendste Wallfahrtsort im Münsterland. Ziel ist die holzgeschnitzte Pietà in der barocken Gnadenkapelle. ▶ **Etappe 02, Seite 43**

Gimbte Das pittoreske Emsdorf Gimbte bei Greven hat sich zu einem überregional bekannten Ausflugsziel entwickelt. ▶ **Etappe 03, Seite 60**

Bentlage Das von alten Alleen und Laubwäldern umgebene Kloster-Schloss Bentlage bei Rheine ist das besterhaltene gotische Konventsgebäude eines ländlichen Klosters in Westfalen. ▶ **Etappe 04, Seite 74**

Lingen Die größte Stadt des Emslandes wartet mit einem hervorragend erhaltenen Altstadtkern auf. ▶ **Etappe 04, Seite 76**

Emsauen Zwischen Meppen und Papenburg erstreckt sich die paradiesische Landschaft der Emsauen mit dem Borkener Paradies, dem Wallfahrtsort Heede, der Leher Pünte und dem Emsaltarm Rodo, der Etappen-Zielort Papenburg wird von Kanälen geprägt und gilt als das „Venedig des Nordens". ▶ **Etappe 06, Seite 107–109**

Tideems Die Fahrt von der Meyer Werft in Papenburg längs der grünen Deiche an der durch die Gezeiten beeinflussten Tideems zur Radelfähre Ditzum-Petkum am „Ende der Welt" vor der Meeresbucht Dollart und am Ems-Seitenkanal in die Seehafenstadt Emden ist in voller Länge eine Top-Tour. ▶ **Etappe 07, Seite 124–129**

Beachten Sie die vom Autor empfohlenen und mit markierten Einkehrtipps

Das Gebiet

Vom Ruhrgebiet zur Nordsee.

Vom Mittelgebirgsrand am Teutoburger Wald geht es emsabwärts in Westfalen durch das Münsterland, bei Rheine erfolgt der Übertritt ins niedersächsische Emsland, und am Dreiländereck in Papenburg beginnt die Fahrt durch das südliche Ostfriesland zum Dollart vor der Mündung in die Nordsee.

Teutoburger Wald

Der Teutoburger Wald bildet als über 200 km langer Verbund von Bergkämmen, die ursprünglich Osning, Egge und Wiehen hießen, den Nordwestrand der deutschen Mittelgebirge, größte Städte sind Bielefeld und die Domstadt Osnabrück. Vor den westlichen Kämmen öffnet sich die Parklandschaft des Münsterlandes an den Oberläufen von Ems und Lippe, vor dem Nordkamm weitet sich das Norddeutsche Tiefland mit dem Dümmersee, ostwärts trifft der Blick auf die Höhen an der oberen Weser, im Südosten runden sich die Vulkankegel des hessischen Berglandes, und im Südwesten zeigen sich bei klarer Sicht die höchsten Berge des Rothaargebirges. Zwei großflächige Naturparks bewahren das natürliche und kulturelle Erbe dieser geschichtsträchtigen Landschaft: Der Naturpark Teutoburger Wald Eggegebirge ist mit 2711 km² der größte Naturpark in Nordrhein-Westfalen, an ihn schließt nördlich der 1220 km² große Natur- und Geopark Terra.vita an, der mit dem Osning und dem Wiehen die nördlichsten Bergkämme umfasst.

Senne

Die Senne im Quellgebiet der Ems ist die größte zusammenhängende Heidelandschaft Nordrhein-Westfalens. Das 250 km² große Heidegebiet auf mächtigen, nach dem Ende der Weichseleiszeit vor 10.000 Jahren aufgewehten Sanden, erstreckt sich am Fuß des Teutoburger Waldes zwischen der Paderborner Karsthochfläche und Bielefeld-Brackwede; das obere Lippetal bildet in etwa die Südgrenze.

Münsterland

Das Münsterland ist die vergleichsweise wenig industrialisierte Park-, Wald-, Schlösser- und Wiesenlandschaft im nordwestlichen Westfalen. Im Süden bildet die Lippe die Grenze zum Ruhrgebiet. Ursprünglich bezeichnete der Begriff „Münsterland“ (Klosterland) das Gebiet des größten geistlichen Fürstentums in Deutschland. Residenz, Mittelpunkt und Namensgeberin dieses Staats, der bei der Auflösung im Jahr 1803 310.000 Untertanen auf 194 Quadratmeilen zählte, war die Stadt Münster (lateinisch monasterium: Kloster). Die prunkvollen Repräsentationsbauten, die die Fürstbischöfe oftmals als Wasserschlösser erbauen ließen, sind touristische Brennpunkte ersten Ranges. In der Hierarchie unterhalb der Landesfürsten standen „Herren“, die sich ebenfalls ansehnliche Burgen und Schlösser („Herrenhäuser“) schufen. Auf diese Weise entstand im Lauf der Jahrhunderte die einzigartige Schlösser- und Parklandschaft des Münsterlandes, in dem Kapellen, Bildstöcke, Wegekreuze usw. von lebendiger Volksfrömmigkeit künden.

Emsland

Das Emsland ist die Auen- und Moorelandschaft am Mittellauf der Ems, in mehr als 60 Naturschutzgebieten wird die Tier- und Pflanzenvielfalt geschützt. Der Landkreis ist mit 2881 km² deutlich größer als das Bundesland Saarland, Kreisstadt ist Meppen, größte Stadt Lingen. Die nördlichste Stadt Papenburg an der Grenze zu Ostfriesland ist Deutschlands größte Fehnkolonie. Im Westen grenzt das Emsland an das Königreich der Niederlande, zu dem traditionell eine gute Nachbarschaftsbeziehung besteht.

Ostfriesland

Ostfriesland ist die von der Nordsee und vom Menschen gestaltete Landschaft zwischen den ab dem Mittelalter eingebrochenen Meeresbuchten Dollart an der Mündung der Ems und Jadebusen an der Mündung der Jade. Zu den natürlichen Glanzpunkten zählt das UNESCO-Weltnaturerbe Wattenmeer mit den vorgelagerten sieben Inseln, das Binnenland ist geprägt von fruchtbarer Marsch, parkartiger Geest und weiten Moorgebieten, von denen viele als „Fehn“ kultiviert wurden. Da Ostfriesland erst spät als Grafschaft in das Heilige Römische Reich eingegliedert wurde, spielen die zahlreichen historischen Häuptlingsländer aus der Zeit der friesischen Freiheit, in der das Feudalsystem unbekannt war, als Landschaftsbegriffe weiterhin eine große Rolle: Harlingerland, Norderland, Moormerland, Auricher Land, Brookmerland, Rheiderland, Wangerland.

Dollart

Der Dollart an der Mündung der Ems ist am Emsradweg das augenfälligste Zeugnis der Gestaltungskräfte der Nordsee. Der Dollart ist die 90 km² große Meeresbucht im deutsch-niederländischen Grenzgebiet zwischen dem deutschen Rheiderland, dem niederländischen Reiderland und der Seehafenstadt Emden. Auf der Rheiderland-Seite hat sich ein Vogelrast- und Brutgebiet von internationaler Bedeutung entwickelt. Tausende von Vogelfreunden kommen alljährlich, um Nonnen- und Graugänse u. a.

Meeresbucht Dollart vor der Mündung der Ems.

Ems-Jade-Kanal in Wolthusen.

Wasservögel im Naturschutzgebiet zu beobachten, sogar Seehunde fühlen sich wohl im Dollart. Eine weite Aussicht auf den Dollart bietet der Emsdeich zwischen Borssum, dem Emder Außenhafen und der Knock. Näher betrachten lässt sich die Vogelwelt des Dollart von den begrünten Rheiderland-Deichen aus. An windstillen Abenden soll aus dem Meer ein trauriges Geläute zu hören sein: Es sind, wie die Sage weiß, die Glocken der versunkenen Stadt Torum. Anlässlich des 500. Jahrestages dieser Sturmflut-Katastrophe wurden 2009 – es war ein wolkiger, windiger Septemberabend – rund um den Dollart auf allen Deichen Lichter entzündet.

Wo heute das Meer wogt, befanden sich im Mittelalter über 30 Dörfer, Flecken und Klöster sowie die reiche Stadt Torum, in deren Mauern angeblich acht Gold- und Silberschmiede ihr Auskommen hatten und die Frauen 1,5-Liter-Büstenhalter aus purem Gold trugen. Noch um 1200 galt das

Blick über die Krummhörn nach Emden.

Land als so sicher, dass hier das Prämonstratenserinnenkloster Palmar (Porta Mariae) gegründet wurde. Mit der Sturmflut von 1277 begann der Einbruch des Dollart. Große Landverluste verursachte 1362 die Marcellusflut, weitere Sturmfluten setzten das Zerstörungswerk fort, auch die Auseinandersetzungen zwischen den wohlhabenden Vetkopern („Fettkäufer") und den ärmlichen Schieringern trugen zum Untergang des Landes bei. Die Vetkoper waren die Partei der einen blühenden Fettvieh-Handel betreibenden Prämonstratenser; die Zisterzienser in ihren weißen, „schieren" Kutten wurden „Schieringer" genannt und rekrutierten ihre Anhänger aus den ärmeren Bevölkerungsschichten. Vetkoper und Schieringer verbrannten gegenseitig ihre Siele: Ohne die Deichschleusen strömte das Salzwasser ungehindert in das tief liegende Land. Die Lage wurde so aussichtslos, dass schließlich nicht mehr gedeicht wurde. Der friesische Geschichtsschreiber Ubbo Emmius berichtet: „Dabei soll man von einem überreichen und mächtigen Mann diesen Ausspruch beim Volk gehört haben..., er wolle lieber alle seine Äcker bis zur Höhe einer Lanze von den Fluten bedeckt sehen, als zum Vorteil seiner Nachbarn, mit denen er im Streit lag, die Deiche wieder herstellen. So wurde durch die Stürme, da die natürliche Beschaffenheit des Bodens und die Bosheit der Menschen zusammenwirkten, jener gewaltige Meerbusen zuerst geschaffen. Dann wurde er im Laufe der Zeit durch dieselben Übel noch vergrößert. Er ergoss sich über einen weiten Raum, dem die Nachwelt nach der Wildheit der Fluten den Namen Dollart gab."

Die Cosmas- und Damianflut vollendete am 26. September 1509 das Zerstörungswerk und verschlang 500 km² Land. Noch 100 Jahre später sollen bei Niedrigwasser und anhaltendem Ostwind Trümmer und Gebäude zu sehen gewesen sein, Fischer fanden zuweilen Goldstücke und Münzen. Durch Einpolderungen wurde ab 1545 in erheblichem Umfang Land zurückgewonnen. 1723 legten die Niederländer im Dollart die Grenze zum Reichsfürstentum Ostfriesland fest: Von der Mündung der Aa schlugen sie in nördlicher Richtung vier Duckdalben ins Watt – diese Linie bildet bis heute die (umstrittene) Grenze zu Deutschland.

Weltnaturerbe Wattenmeer

Die Weltkulturorganisation UNESCO hat das Nordsee-Wattenmeer zum Weltnaturerbe erklärt: Die Wattenmeer-Nationalparks von der Festlandküste bis zu den Inseln und Halligen zählen zu den ästhetisch bedeutendsten und ökologisch sensibelsten Landschaften der Erde.

Der Nationalpark Niedersächsisches Wattenmeer erstreckt sich auf einer Fläche von 2.400 km² von der Westerems westlich der Ostfriesischen Insel Borkum bis zur Elbmündung bei Cuxhaven. Seine Südwestgrenze liegt westlich von Emden am Campener Leuchtturm, dem höchsten Leuchtturm der deutschen Nordseeküste. Eine Wendeltreppe führt im zentralen Rohr zur Aussichtsgalerie, die einen grandiosen Blick auf den Wattenmeer-Nationalpark, auf die Warfen- und Windmühlendörfer der Krummhörn und bis hin zu den Türmen von Emden gewährt.

Blick vom Campener Leuchtturm auf das Wattenmeer an der Mündung der Ems (links: Schillbank).

Etappe 01 Hövelhof – Rietberg – Rheda-Wiedenbrück

Von den Emsquellen zum Wasserschloss Rheda

55 km	5:20 Std.	35 hm	70 hm		GPS-Koordinaten / Start UTM Zone 32 x: 476.370 m y: 5.742.070 m

Startort: Sennegemeinde Hövelhof, 106 m
Start: Bahnhof Hövelhof an der Bahnhofstraße; Sennebahn Bielefeld–Paderborn
Ziel: Rheda-Wiedenbrück, 71 m
Charakter: Leichte Grünlandfahrt im Wechsel mit von Gehölzen und von Gehöften geprägtem Wiesenland; erschwerend der vorherrschende Westwind
Verkehr: Mit Ausnahme weniger Landstraßenpassagen überwiegend Landwirtschaftswege, Hofzufahrten und verkehrsarme Nebenstraßen

Tipp: Wer in Hövelhof ein Fahrrad entliehen hat und es am Abend zurückbringen möchte, fährt mit der Bahn von Rheda-Wiedenbrück Richtung Bielefeld und steigt in (Bielefeld-)Brackwede in die Sennebahn um.

Ausflugsziele / Sehenswürdigkeiten & Einkehrtipps siehe S. 26–29

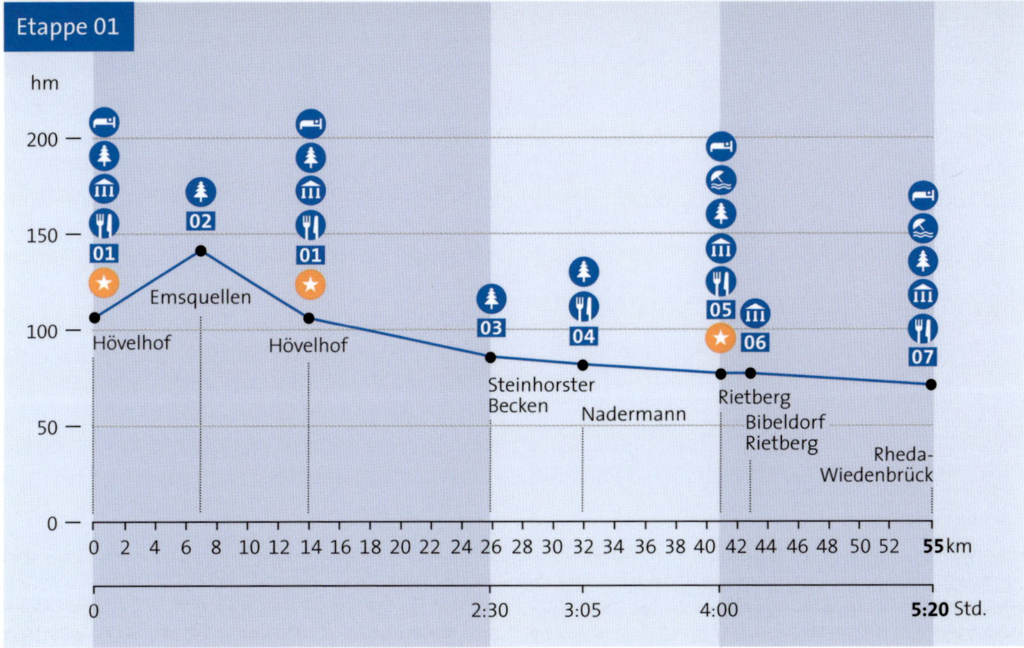

Von den Emsquellen in der großen Heidelandschaft der Senne zu Füßen des Teutoburger Waldes leitet der Emsradweg durch die Feldfluren des Delbrücker Landes zum Steinhorster Becken, einem der bedeutendsten Vogelrückzugsgebiete Ostwestfalens, und längs des Naturschutzgebiets Rietberger Emsniederung durch grüne Auen zum Tierpark Nadermann und zum Gartenschaupark von Rietberg, der Stadt der schönen Giebel. Hier beginnt die erste längere Passage direkt neben der Ems, an der die historische Altstadt von Wiedenbrück und das Wasserschloss Rheda liegen.

Hövelhof – Emsquellen – Hövelhof – Steinhorster Becken / 26 km / 2:30 Std.

Start Der Backsteinbau des Bahnhofs **Hövelhof** 01 an der im Stundentakt verkehrenden Sennebahn ist „Das Tor zur Senne“, der Einstieg in den Emsradweg befindet sich direkt vor dem Bahnhof: Links geht es durch die Bahnhofstraße, am Ende links über die Gleise und auf der Sennestraße bergwärts, bis nach Überqueren der Bundesautobahn A 33 links die Moosheider Straße abzweigt (geradeaus befindet sich die Heidschnuckenschäferei), in das namengebende Waldgebiet eintaucht und zum Infozentrum Emsquellen & Emsradweg am Emser Kirchweg 84 an der noch ganz schmalen Ems führt. Das Infozentrum bildet den Startpunkt des Emsradwegs, die Ausstellung will Vorfreude wecken auf die Schönheiten der Landschaften vom Teutoburger Wald bis zur Nordsee. Nach Überqueren der Ems führt der Weg an der Senner Pferdekoppel vorbei emsaufwärts zu den **Emsquellen** 02.

Von den Emsquellen geht es auf derselben Route zurück durch die Sennestraße, nach Queren der Sennebahn-Gleise geradeaus auf der Allee und vor dem Schloss rechts durch die

Schlossstraße an der Tourist Information **Hövelhof** vorbei. Gleich darauf zweigt halb links die Kirchstraße ab – als Prozessionsweg traditionell „Bredemeiers Kirchweg“ genannt – und mündet an Bredemeiers Kapelle am Ortsrand in die Gütersloher Straße. Auf dem Radweg links durch den Wald und kurz nach Verlassen des Waldes links auf dem Kösterweg durch die Felder zur Detmolder Straße, an der wiederum links der Radweg die Route zum Parkplatz Haspelkamp an der Ems vorgibt, dem Schauplatz des Haspelkamp-Massakers, bei dem am 14. März 1604 – während des Freiheitskriegs der Niederlande gegen die spanische Krone – ein Haufen von 6000 spanischen Kriegsdienstverweigerern 400 Delbrücker ermordeten, 25 % der gesamten Bevölkerung; der Lynchmob hatte den Kriegsdienst verweigert, weil der spanische Habsburger-König zu wenig Sold zahlte, und zog brennend und mordend durch das reiche Westfalen.

Die Schlacht im Teutoburger Wald: Saltus Teutoburgiensis

Vor gut 200 Jahren brachte der Paderborner Fürstbischof Ferdinand von Fürstenberg den Namen Teutoburger Wald für einen Teil des Kammgebirges in Gebrauch , das damals Osning bzw. [Osn] Egge genannt wurde. Die Umbenennung erfolgte nach Fürstenbergs Studium antiker Schriftsteller: Tacitus verwendet in seinen um das Jahr 110 verfassten „Annalen" den Namen Teutoburgiensis saltus für das Bergland am Oberlauf von Ems und Lippe, beide Flüsse entspringen am Osning-Westfuß. Hier soll – „wie es heißt" (Annalen 1,60) – die berühmte Schlacht im Herbst des Jahres 9 stattgefunden haben, wo germanische Widerstandskämpfer unter Führung des Cheruskers Arminius (Hermann) drei von Publius Quintilius Varus angeführte römische Legionen besiegt haben.

Fürstenberg nannte das Gebiet um die Grotenburg im Quellgebiet von Ems und Lippe Teutoburger Wald, und dieser Name wurde so popularisiert, dass er auf andere Teile des Kammgebirges bis hinauf nach Hörstel ausgeweitet wurde. Gut 200 Jahre nach Einführung des Namens ist „Teutoburger Wald" die international gebräuchliche Bezeichnung für das Kammgebirge am Oberlauf von Ems und Lippe.

Dass der Teutoburger Wald an so verschiedenen Stätten vermutet wurde, ist unter anderem darin begründet, dass Teutoburg kein geografischer Begriff ist, sondern die Bezeichnung für „Volksburg": „teut" bedeutete in der alten deutschen Sprache „Volk", das Adjektiv lautete teutsch (deutsch); eine Teutoburg war eine steile, umwallte Berghöhe, auf der sich von Zeit zu Zeit das Volk bzw. die Abgesandten einer bestimmten Landschaft versammelten.

Diese grausige Stätte verlässt der Radweg längs der noch immer schmalen Ems. Wo der bachbegleitende Weg endet, geht es rechts versetzt geradeaus über die Kaunitzer Straße hinweg und am Ende links im Bogen mit zweimaliger Emsüberquerung zum Naturschutzgebiet **Steinhorster Becken** 03, das sich besonders gut vom Ausguck auf dem nördlichen Deich überschauen lässt.

Steinhorster Becken – Rietberg / 15 km / 1:30 Std.

Eine weitere Beobachtungsstation befindet sich im Süden des Naturschutzgebiets, wo der Radweg auf der Neubrückstraße ans linke Ufer der Ems wechselt, hinter dem Café Brinkmeier rechts (Landstraße) und gleich wieder rechts auf dem Kuckucksweg durch die Emswiesen. Der viel besuchte **Tierpark Nadermann** 04 beim Delbrücker Ortsteil Schöning liegt direkt an der Ems am Naturschutzgebiet Rietberger Emsniede-

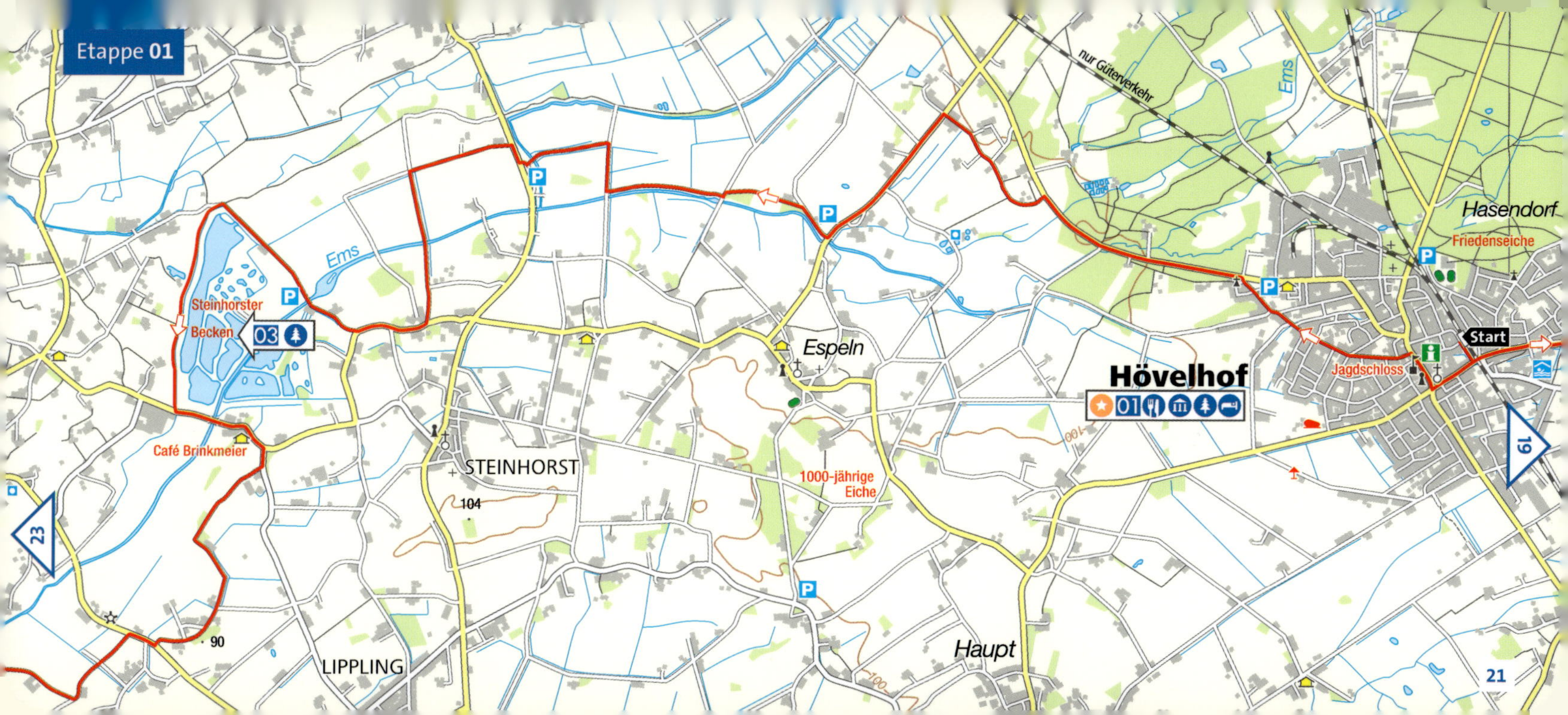
nur Güterverkehr
Ems
Hasendorf
Friedenseiche
Start
Jagdschloss
Hövelhof
01
19
Espeln
Ems
Steinhorster
Becken
03
Café Brinkmeier
STEINHORST
104
1000-jährige
Eiche
100
23
90
LIPPLING
Haupt

Störche im Tierpark Nadermann (Foto: Tierpark Nadermann).

rung. Auf dem Entenweg folgt der Radweg der Ems in schöner autofreier Flussniederungsfahrt im Grünen an Antfängers Mühle vorbei nach **Rietberg** 05, einem schönen, ruhigen Ort zur Übernachtung und zur Erkundung des weitläufigen Gartenschauparks und der ehemaligen Wallanlagen rund um die historische Altstadt.

Rietberg – Rheda-Wiedenbrück / 14 km / 1:20 Std.

Der Emsradweg verlässt die historische Kernstadt längs des Flusses und passiert das **Bibeldorf Rietberg** 06 sowie den als Naturschutzgebiet ausgewiesenen **Emssee**, ein Vogeldurchzugs- und -brutgebiet. Das beim Sandaushub für den Bau der Umgehungsstraße entstandene Gebiet kann nicht betreten werden, einen Überblick bietet die Aussichtskanzel am Westende des Sees. An der Emsbrücke Zur Flammenmühle wechselt der Radweg rechts auf die alleeartig

Museumspark Kalkriese

Im Jahre 1987 wurden in der Kalkrieser-Niewedder-Senke erste Hinweise auf militärische Auseinandersetzungen zwischen Römern und Germanen entdeckt, darunter 162 römische Münzen und drei Wurfgeschosse aus Blei.

Bei den dann folgenden systematischen archäologischen Grabungen, die ab dem Jahre 1989 begannen, wurden Münzen, Waffen und Ausrüstungsteile römischer Soldaten sowie Tier- und Menschenknochen freigelegt.

Der Museumspark Varusschlacht am Kalkrieser Berg bei Bramsche stellt die Szenerie der „Schlacht im Teutoburger Wald" wie vor 2000 Jahren nach.

DRUFFEL
NEUENKIRCHEN
Etappe 01
25
64
Emssee
Ems
Bibeldorf
06
Heimat-mus.
RIETBERG
05
Gartenschaupark Rietberg
WESTERWIEHE
Rietberger Fischteiche
Gut Rietberg
Tier-garten
BOKEL
04
Ems
21
Tierpark Nadermann
P
SCHÖNING
64
P

von Bäumen gesäumte Kreisstraße, verlässt sie gleich darauf vor einem Gehöft links auf dem Peitzmeierweg in der Feldflur, ehe er kurz vor der Bundesstraße links abwinkelt, übergehend in Am Jägerheim, und in die historische Altstadt von Wiedenbrück führt. Die Parklandschaft Flora Westfalica längs der Ems leitet weiter zum **Schloss Rheda**. Eine Fahrradminute entfernt befindet sich am Bahnhofsplatz 18 der Bahnhof von **Rheda-Wiedenbrück** 07.

Senne – die größte zusammenhängende Heidelandschaft Nordrhein-Westfalens

Das 250 km^2 große Heidegebiet auf mächtigen, nach dem Ende der Weichseleiszeit vor 10.000 Jahren aufgewehten Sanden, erstreckt sich am Fuß des Teutoburger Waldes zwischen der Paderborner Karsthochfläche und Bielefeld-Brackwede; das obere Lippetal bildet in etwa die Südgrenze.

Trotz der guten Beschilderung lohnt immer wieder der Blick auf die Karte.

Gestüt Ravensberg
64
61
23
Rheda-
Wiedenbrück
Trachten
museum
Wasserburg
Kutschen-
museum
Ziel
Flora-Westfalica
Park
RHEDA-
-WIEDENBRÜCK
07
Marburg
Violineneiche
2
E34
Haus
Wieck
LINTEL
64
Ems
SANKT VIT
Röcking-
hausen
Rentrup
61
23

AUSFLUGSZIELE / SEHENSWÜRDIGKEITEN & EINKEHRTIPPS

Hövelhof 01

Der Name der Sennegemeinde Hövelhof geht auf den mindestens seit dem Jahr 1000 bestehenden Hof des Meiers zu Hövel zurück. Nach dem Tod des letzten Meiers 1645 fiel der Hövelhof an den Landesherrn, und 1661 ließ der Paderborner Fürstbischof Dietrich Adolph von der Recke neben dem Hövelhof das Jagdschloss errichten, der Fachwerkbau fungiert heute als Pfarrhaus und ist ein Wahrzeichen der Gemeinde (während der Hövelhof 1903 abbrannte).

Heimatzentrum Ostwestfalen-Lippe Das Heimatzentrum OWL besteht aus dem Heimathaus und dem Haus des historischen Handwerks. Das Heimathaus, eine Minute vom Emsradweg entfernt, dokumentiert in einem um 1900 erbauten Bauernhaus mit Backhaus, Scheune und einer Remise die Lebensumstände der Vorfahren im Senneraum. Ehrenamtlich werden hier auch traditionelle ländliche Handwerke gepflegt: Seilerei, Korbflechterei, Besenbinderei, Spinnen, Weben, Bauernbrot- und Butterherstellung. Heimatzentrum OWL, Heimathaus, Staumühler Straße 70

Heidschnuckenschäferei Die Heidschnuckenschäferei Senne der Biologischen Station Paderborner Land befindet sich an der Sennestraße 233 kurz vor der Panzerringstraße am Rand des Truppenübungsplatzes Senne. Dort ist eine Herde von 1000 Tieren der Grau Gehörnten Heidschnucke zu Hause, auch zehn Ziegen gehören zur Herde. Die Schäferei ist ein anerkannter Biolandbetrieb und vermarktet Heidschnucken- und Ziegenprodukte wie Salami, Mettwurst, Bratwurst, Schinken und Frischfleisch. Da nur während des kurzen Aufenthalts zur Lammzeit im Stall mit Bioheu und -getreide zugefüttert wird, ist das Fleisch von hoher Qualität und sehr fettarm. Auch Schaffelle und Bienenhonig aus der Senne gehören zum Angebot.

Emsquellen 02

Die Ems entspringt im Sennesand am Rand des Naturschutzgebiets „Moosheide" unterhalb der Panzerringstraße des Truppenübungsplatzes Senne. Etwa 500 m lang ist der durch Holzbohlenwege erschlossene Quellbereich, in dem Wasser an vielen Stellen aus dem Erdreich sickert. Obwohl die Sickerquellen in kalkarmen Sanden zu Tage treten, führen sie auch kalkhaltiges Grundwasser mit sich, das von den Karstgebieten der Paderborner Hochfläche herabfließt. Dank dieses ständigen Zustroms von Grundwasser sind die Temperaturschwankungen im Jahreslauf nur gering, selbst in strengen Wintern frieren die Quellbäche nicht zu.

Das Naturschutzgebiet ist ein für die obere Senne charakteristischer Landschaftsraum mit Dünenbildungen, Sandtrockenfluren, Heiden, lichten Kiefernwäldern sowie Trockentälern und gewässerführenden Schluchttalbildungen mit Quellen, Quellbächen und Feuchtwiesen. Die Sanddünen zählen zu den ältesten in Nordwestdeutschland, vermutlich wurden sie am Ende der letzten Eiszeit vor 10.000 Jahren aufgeweht. Alte Wacholderpflanzen im Naturschutzgebiet zeugen von der Heidevegetation, die hier vor der Aufforstung zu finden war. In der Moosheide sind Keulen-Bärlapp, Behaarter Ginster, Nickendes Wintergrün, Saat-Hohlzahn und Wacholder heimisch, zu den Vögeln zählen der Eisvogel, die Heidelerche, die Dorngrasmücke, die Uferschwalbe, und auch die Kreuzkröte und die Zauneidechse sind hier zu finden.

Steinhorster Becken 03

Das 1991 in und an der Ems errichtete Steinhorster Becken beim gleichnamigen Ortsteil der Stadt Delbrück

Kamele im Tierpark Nadermann (Foto: Tierpark Nadermann).

ist das größte künstlich geschaffene Biotop Nordrhein-Westfalens. Das Wasserauffangbecken wurde als Hochwasser-Schutzmaßnahme bedeicht, um Rietberg und Rheda-Wiedenbrück vor Überschwemmungen durch die Ems zu schützen. Im Lauf der Jahre entwickelte sich das 82 ha große Gebiet zu einem der bedeutendsten Rastplätze für Zugvögel in Ostwestfalen und wurde als Naturschutzgebiet ausgewiesen. Im Winter ziehen sich Schwimm- und Tauchenten, arktische Gänse, Graureiher, Kormorane und Gänsesäger an die Wasserflächen zurück, im Frühling legen Kraniche eine Pause bei der Rückkehr aus dem Süden ein, Fischadlern, Schwarzstörchen und Wanderfalken dient das Becken zur Zeit des Vogelzugs ebenfalls als Rastplatz. Zu den Brutvögeln zählen Lachmöwen und Haubentaucher. Um das Steinhorster Becken führt ein Deichwanderweg, man darf sich schon ein bisschen wie an der Nordsee fühlen: kein Deich, kein Land, kein Leben.

Tierpark Nadermann 04

Der familiengeführte Tierpark Nadermann an der Ems im Delbrücker Ortsteil Schöning ist ein beliebtes Ausflugsziel. Ein Rundweg führt durch die 8 ha große Anlage, in deren Gehegen Geparde, Löwen, Jaguare und Ozelote, Rotfüchse und Steinmarder ebenso wie

Dromedare, Lamas, Trampeltiere und Alpakas leben. Durch die Volieren schwirren Eulen, eine kleine Eisenbahn fährt durch das Rentier-Gehege, und im Café-Restaurant „Manege" kann man sich stärken. Hinzu kommen ein Kamel-Museum und der Streichelzoo.
Tierpark Nadermann, Grafhörsterweg 5, 33129 Delbrück, www.tierpark-nadermann.de

Rietberg 05

Rietberg, die Stadt der schönen Giebel an der oberen Ems, hat in der Altstadt zahlreiche Häuser des 16. und 17. Jhs. bewahrt. 2008 richtete Rietberg die Landesgartenschau aus, 2009 erhielt die Kernstadt das Gütesiegel als staatlich anerkannter Erholungsort.

Residenz Das ehemalige Residenzschloss der Grafen von Rietberg wurde während der napoleonischen Kriege abgerissen, erhalten ist die Conrad Schlaun zugeschriebene Johanneskapelle (1748). Aus der zeitweiligen Nutzung der Gräften zum Zweck der Fischzucht ging das heutige Naturschutzgebiet Rietberger Fischteiche östlich der Stadt hervor; das 50 ha große Teichgelände befindet sich in Privatbesitz und ist öffentlich nicht zufänglich. Der Titel eines Grafen von Rietberg lebt seit dem 16. Jh. im Hause Liechtenstein fort: Derzeitige Grafen von Rietberg sind Fürst Hans Adam II. und Prinzregent Alois von Liechtenstein.

Gartenschaupark Die 40 ha große Parklandschaft auf dem Gelände der Landesgartenschau 2008 erstreckt sich östlich der Kernstadt bis in das Naturschutzgebiet Rietberger Emsniederung hinein – ein riesiges Spielparadies für Kinder und Familien sowie ein Blumen- und Gartentraum für alle Generationen mit Themengärten wie dem Klostergarten Rietberg und großen Staudengalerien. Inselflair bieten die original Sylt-Strandkörbe am Ober- und am Untersee. Der Hochseilklettergarten ist eine Kombination aus Waldseilgarten und Mastenparcours: So kann einerseits in natürlicher Atmosphäre im Wald und andererseits in Extremhöhen geklettert werden, von einer 13 m hohen Turmplattform kann man den Sprung in die Tiefe wagen. Hinzu kommt die Parkgastronomie im Parkteil Nord-Neuenkirchen sowie das Seecafé-Restaurant im Parkbereich Mitte am Obersee.

Bibeldorf Rietberg 06 Das Bibeldorf Rietberg ist ein erlebnisorientierter Lernort zur Welt und Umwelt der Bibel. Die Gebäude- und Erlebniskomplexe reichen auf 22.000 m² vom Nomadenzelt, der Töpferei und Zimmerei bis zur Seilerei, Weberei und Ölmühle und zum biblischen Pflanzengarten, von der Ölpresse und dem Einraum- sowie einem Römerhaus bis zum Sabbatraum, zum Modell von Israel und zum Museum. Biblische Geschichten und historische Hintergründe zu den Grundlagen der Kultur des Abendlandes werden auf eine derart spannende Weise veranschaulicht, dass das Bibeldorf alljährlich mehr als 10.000 Besucher zählt.
Bibeldorf Rietberg, Jerusalemer Straße 2 (früher: Perlbruch), 33397 Rietberg, Tel. 05244-974974, www. bibeldorf.de

Rheda-Wiedenbrück 07

Die Doppelstadt Rheda-Wiedenbrück liegt vor dem Ostrand des Münsterlandes beidseits der oberen Ems: Im Süden erstreckt sich die historische Fachwerk-Altstadt von Wiedenbrück, nördlich steht das Wasserschloss Rheda. Die vereinigten Städte werden getrennt durch die Bundesautobahn A 2 und verbunden durch die Flora Westfalica, eine Parkanlage, die sich auf dem Gelände des Landesgartenschaugeländes von 1988 für 2,5 km entlang der Ems von Wiedenbrück nach Rheda zieht . Die Flora Westfalica beginnt in Wiedenbrück am Emssee und endet in Rheda mit dem Schlossgelände und dem Rosengarten, sie ist ein wichtiges Naherholungsgebiet mit renaturierten Auen, Spielplätzen, Gastronomie, Natur- und Lehrpfaden.

Schloss Rheda Das privat genutzte Wasserschloss ist eine über Jahrhunderte seit dem Mittelalter stetig erweiterte und den Stilen der Zeit angepasste Anlage, die 1170 erstmals erwähnt wird. Die Außenanlagen können jederzeit besichtigt werden, die historischen Räume und das Kutschenmuseum sind ganzjährig für Besuchergruppen im Rahmen einer Schlossführung geöffnet. Erhalten sind ein Kapellenturm aus dem 13. Jahrhundert, ein staufischer Tortum und ein Wohnturm des 14. Jahrhunderts, ein Wohnflügel im Stil der Weserrenaissance mit Galerie, der Haupttrakt in schlichtem Barockstil sowie zahlreiche ebenfalls im 18. Jahrhundert erbaute Wirtschafts- und Nebengebäude (Ölmühle, Kornmühle, Marstall mit Wagenremise, Torhaus, Komödienhaus, Ställe). Außerhalb der Burginsel befindet sich ein geometrischer Garten im Stil des Barock.

Tourismusinformation siehe ab S. 134
Übernachtungsverzeichnis siehe ab S. 136

Schloss Rheda (Foto: Flora Westfalica).

Etappe 02 Rheda – Warendorf – Telgte

Ins Herz des Münsterlandes

65 km	6:20 Std.	0 hm	19 hm

GPS-Koordinaten / Start
UTM Zone 32 x: 451.570 m y: 5.744.710 m

Startort: Rheda-Wiedenbrück, 71 m
Start: Schloss Rheda, Steinbrückstraße 16; der Bahnhof Rheda-Wiedenbrück, Bahnhofsplatz 18, ist eine Fahrradminute entfernt
Ziel: Telgte, 52 m
Charakter: Leichte Fahrt in der münsterländischen Parklandschaft mit Alleen, Waldstücken, Feldern und Dörfern; erschwerend der vorherrschende Westwind
Verkehr: Mit wenigen Landstraßenausnahmen meist verkehrsarme Nebenstraßen sowie für den öffentlichen Verkehr gesperrte Hofzufahrten, Landwirtschaftswege und Waldwege

Tipp: Die Bahnlinie Münster – Telgte – Warendorf – Rheda-Wiedenbrück ermöglicht die problemlose Rückkehr zum Ausgangspunkt.

Ausflugsziele / Sehenswürdigkeiten & Einkehrtipps siehe S. 42/43

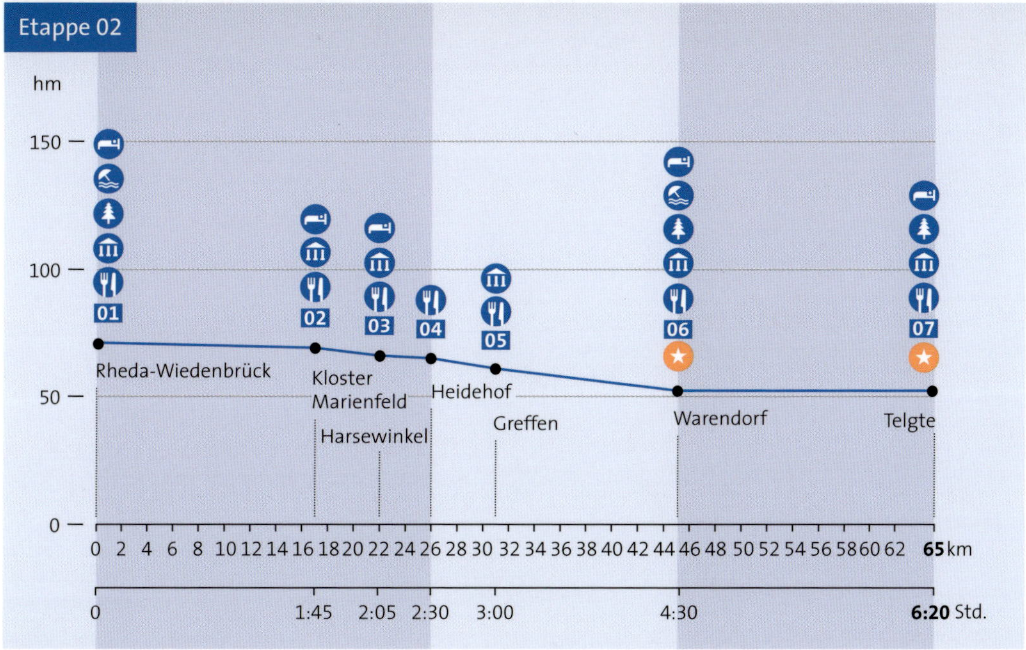

Nach Durchfahren des autofreien Waldwegs im Rhedaer Forst wandelt sich die Landschaft deutlich: Hinter der Emsbrücke zwischen Gütersloh und der Klostergemeinde Herzebrock-Clarholz beginnt die grüne Parklandschaft des Münsterlandes mit Bildstöcken, Wegekreuzen, Gehöften, Kotten und Kapellen in einem paradiesischen Landschaftsensemble aus Gehölzen, Feldern, Alleen, Wiesen und Dörfern. Marienfeld war eines der bedeutendsten Klöster Westfalens, nächster kultureller Höhepunkt ist die Pferde- und Sportstadt Warendorf mit ihrem sehenswerten Altstadtkern, das Ziel Telgte ist der bedeutendste Wallfahrtsort im Münsterland – direkt neben den Auen der Ems.

Rheda – Heidehof / 26 km / 2:30 Std.

Start Von **Schloss Rheda** in **Rheda-Wiedenbrück** 01 folgt der Emsradweg der Schlossstraße zwischen der Altstadt und dem

Etappe 02
35
32
Ems
Bredeck
BLANKEN-
HAGEN
Brocker Mühle
Flughafen Gütersloh
Q u e n h o r n
GÜTERSLOH
513
P i x e l -
h e i d e
61
R i e s e l f e l d e r
PAVENSTÄDT
Groppel
Gütersloher
Emssiedlung
Clarholz
P i x e l
81

64
ehem. Kloster
Herzebrock
64
Forst
KATTENSTROTH
61
Bänichsee
EMS
Gut Schledebrück
P
NORDRHEDA-
RHEDA-
WIEDENBRÜCK
01
80
Ems
E34
2
P
Rheda-
Wiedenbrück
23
Haus
Bosfeld
Brock
61
Trachten
museum
Wasserburg
Start
Kutschenmus.
Flora Westfalica
Park
64

Fußball-Quartier Marienfeld

Überregionale Bekanntheit erlangte Marienfeld als Quartier der portugiesischen Fußballnationalmannschaft, die während der Weltmeisterschaft 2006 im Hotel „Klosterpforte“ in unmittelbarer Nachbarschaft zum Kloster untergebracht war.

Zur Europameisterschaft 2008 verlegte die türkische Fußballnationalmannschaft ihr Trainingslager in das Sporthotel „Elf“, das Teil des Hotels „Klosterpforte“ ist. Dort steigen regelmäßig nationale und internationale Spitzenteams ab, Bundesligisten ebenso wie ausländische Mannschaften, die wie der FC Porto ein Trainingslager veranstalten. Trainiert wird jeweils im Heidewaldstadion der benachbarten Stadt Gütersloh.

St. Lucia in Harsewinkel (Foto: Stadt Harsewinkel).

parkartigen Schlossgelände kurz nordwärts, am Ende am Rosengarten kurz rechts (Gütersloher Straße) und am Ende des Rosengartens autofrei schräg links Am Werl längs der Ems. Hinter dem Bahnkörper verlässt der Radweg die Ems rechts parallel zur Eisenbahnstrecke auf einem Pfad und wechselt am ersten Bahnübergang links auf den Moorweg.

Wenn der Moorweg bald nach Passieren des Baggersees Bänischsee rechts abwinkelt, folgt der Emsradweg einem autofreien Waldweg geradeaus durch den Rhedaer Forst und trifft hinter der Gütersloher Emssiedlung auf die Herzebrocker Straße: links über die Ems, erste links und am Ende rechts Westerfeld, nach Queren der Durchgangsstraße geradeaus auf der Pixeler Straße durch das Mosaik aus Wäldern, Feldern und kleinen Siedlungen der Pixelheide links der Ems. Am Ende führt die Groppeler Straße rechts zum Gasthaus Brocker Mühle

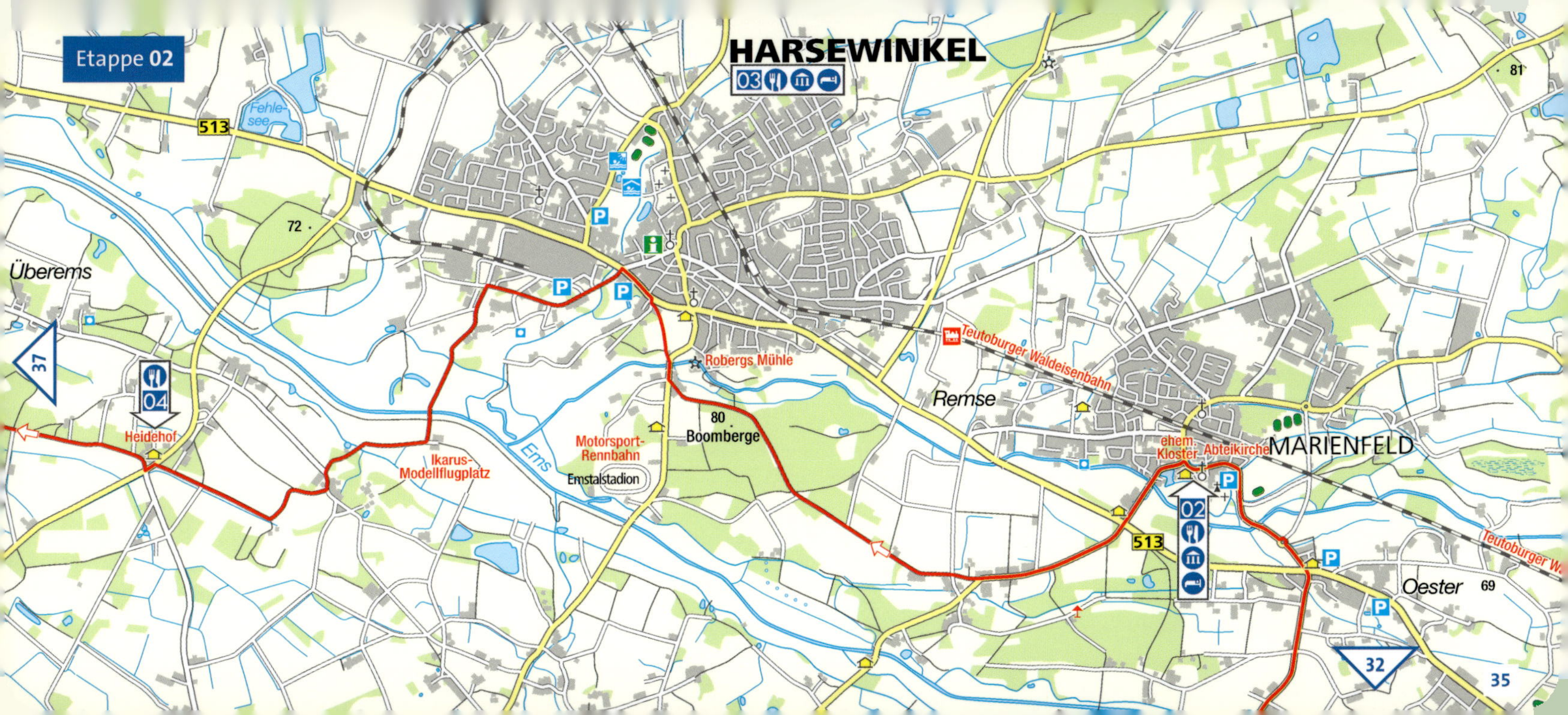

Etappe 02
HARSEWINKEL
03
Fehlesee
513
72
Überems
37
04
Heidehof
Ikarus-Modellflugplatz
Ems
Motorsport-Rennbahn
Emstalstadion
80
Boomberge
Robergs Mühle
Teutoburger Waldeisenbahn
Remse
81
ehem. Kloster
Abteikirche
MARIENFELD
02
513
Oester
69
32
Teutoburger W

Halla – Denkmal für die Wunderstute

Das Halla-Denkmal befindet sich an der Dr.-Rau-Allee 48 im Norden von Warendorf vor den Sportgeländen der Sportschule der Bundeswehr. Der Siegesritt des vor Schmerz schreienden Hans Günter Winkler, den seine Stute Halla ins Ziel trug, ging in die Sportgeschichte ein. Am 16. Juni 1956 sicherte die „Wunderstute" auf dem Parcours in Stockholm während der XVI. Olympischen Sommerspiele der deutschen Mannschaft die Goldmedaille und Winkler Gold in der Einzelwertung.
Beim ersten Durchgang verlor Weltmeister Winkler den Steigbügel, als sich Halla unvermutet streckte, erlitt beim Aufsprung einen Muskelriss in der Leiste, krümmte sich vor Schmerzen, doch die führerlose Halla trug ihn ins Ziel. Nach einer Morphiumspritze startete Winkler zum zweiten Durchgang, durch Spritze und Zäpfchen völlig benommen und unfähig, Halla zu parieren. Bei jedem Aufsprung schallten Winklers Schmerzensschreie durch das Stadion, doch die Hessenstute trug ihren Reiter fehlerlos bis über das letzte Gatter – Gold! „Ich weiß nicht, wie ich das der Stute danken soll", stammelte Winkler, als man ihn fast besinnungslos aus dem Sattel hob.

Hans Günter Winkler war der erfolgreichste Springreiter des 20. Jh. 1956–1976 gewann er bei sechs Olympischen Spielen fünf Goldmedaillen sowie eine Silber- und eine Bronzemedaille. Als Winkler seine „Wunderstute" 1960 aus dem Sport verabschiedete, hatte er mit ihr dreimal olympisches Gold und 125 Springen gewonnen. Als Halla 1979 starb, berichtete sogar die Tagesschau darüber.

Der Heumarkt in der Altstadt von Warendorf.

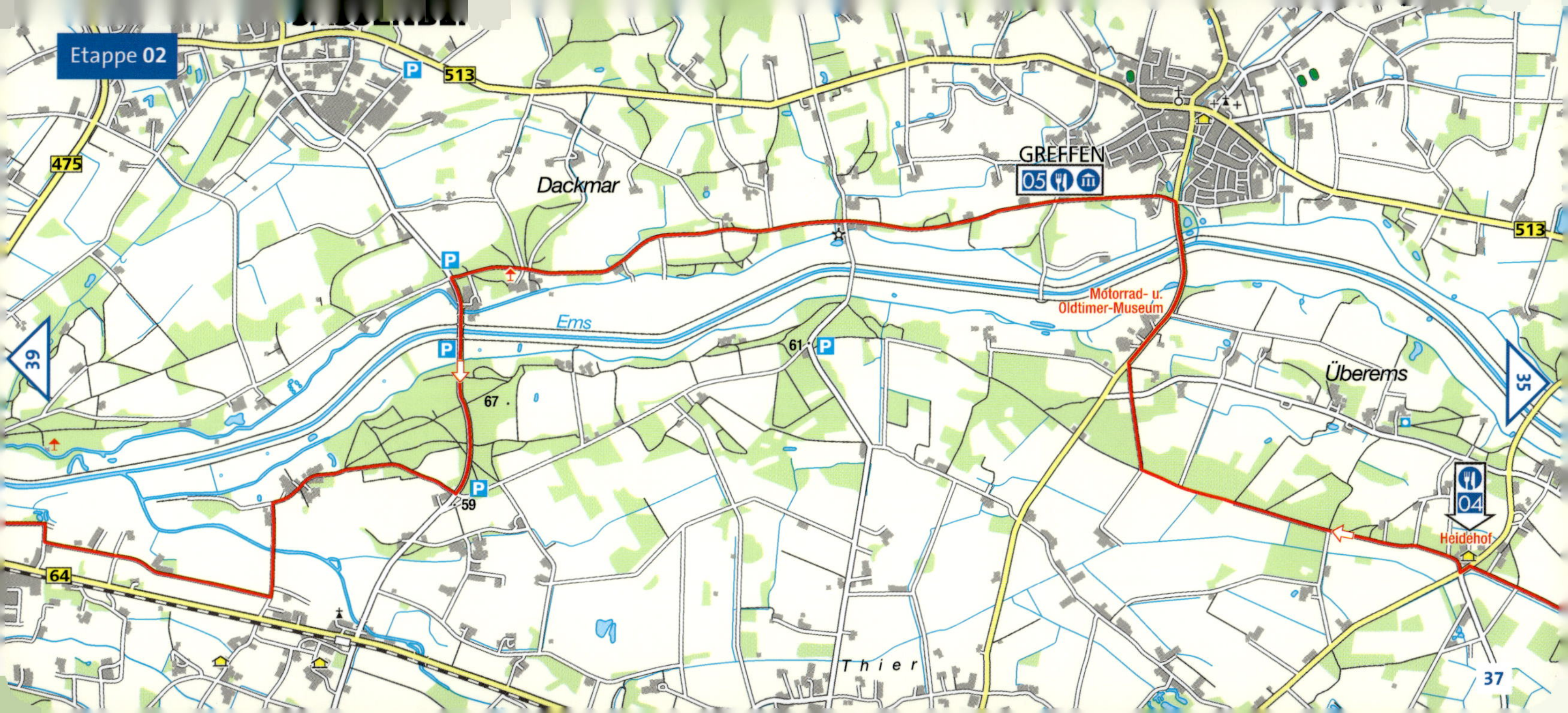
Etappe 02
513
475
Dackmar
GREFFEN
05
Ems
Motorrad- u. Oldtimer-Museum
39
35
61
67
59
Überems
04
Heidehof
64
Thier

Günter Grass: Das Treffen in Telgte

In der Erzählung „Das Treffen in Telgte“ (1979) lässt der Literaturnobelpreisträger Günter Grass 1647 – ein Jahr vor dem Ende des Dreißigjährigen Kriegs – bedeutende deutsche Schriftsteller zusammenkommen und über ihre Werke und ihr Verhältnis zur Politik diskutieren. Der Königsberger Dichter Simon Dach lädt zum Treffen in den Gasthof in Oesede bei Osnabrück ein, doch dort hat sich schwedische Soldateska einquartiert, und der Schriftsteller Johann Jakob Christoffel von Grimmelshausen sorgt als kaiserlicher Offizier für die Weiterreise der Dichter ins sichere Telgte an der Ems. Dort lesen die Poeten aus ihren Manuskripten vor. Das Treffen in Telgte endet mit einem Friedensaufruf der versammelten Dichter, doch da geht das Haus in Flammen auf, und alle Löschversuche schlagen fehl. Ohne ein weiteres Treffen zu vereinbaren, verlassen die Barockpoeten Telgte.

(www.brocker-muehle.de), überquert die Ems und erreicht das ehemalige **Kloster Marienfeld** 02.

Von der Klosterstraße zweigt der Radweg links auf die Bielefelder Straße ab, geradeaus übergehend in Heckerheide, bald rechts ab (Heckerheide) in das Naturschutzgebiet Boomberge: Die bis zu 80 m hohen Boomberge (Baumberge) sind ein aufgeforstetes Binnendünengebiet, in dem zahlreiche vom Aussterben bedrohte Pflanzen und Tiere ein Rückzugsgebiet gefunden haben, darunter das Berg-Sandglöckchen, der Nacktstängelige Bauernsenf und der Frühlings-Spark, Sonnenstrahlen locken den Kupferbraunen Sandlaufkäfer, einen Dünenläufer mit variabler Körperfarbe, hervor, und über den Gewässern schwirren die Gebänderte Prachtlibelle und die Blaugrüne Mosaikjungfer. Nach Durchfahren der Boomberge senkt sich der Radweg rechts hinab nach **Harsewinkel** 03.

Die Ems bei Telgte.

EINEN
Ems-Hessel-See
Ems
41
MÜSSINGEN
Kottruper Seen
64
70
Klauenberg
60
475
Nordrhein-Westfälisches Landesgestüt
B
Emssee
Haus Werl
37
WARENDORF
06
P
59
64
475

Vor dem Gelände des Landmaschinenherstellers Claas wechselt der Radweg vom Südring links in den Mühlenwinkel, an der Kreuzung links auf der Kuhstraße über die Ems, nun im Harsewinkeler Gebiet „Überems“ vor dem Modellflugplatz Ikarus rechts im Gleichlauf mit dem Westfalen-Radweg R1, an dem an der Kreuzung mit dem Heerdamm die Gaststätte „**Heidehof**“ 04 (www.heidehof-hsw.de) zur Einkehr einlädt.

Heidehof – Warendorf / 19 km / 2:00 Std.

Geradaus weiter auf dem Körkesweg in der münsterländischen Parklandschaft, schließlich schräg rechts Heerweg zum Motorradmuseum Beckmann in Greffen Überems und geradeaus über die Ems nach **Greffen** 05. Am Rand des Kirchdorfs zweigt der Radweg links in den Warendorfer Landweg ab, verlässt ihn nach Durchfahren eines Waldstücks mit Schutzhütte links (Dackmar), taucht nach Überqueren der Ems wieder in einen Wald ein und hält am Waldende rechts auf Warendorf zu (Vohrener Straße); der auf einigen Karten noch eingezeichnete Halpunkt Vohrendorf ist seit einigen Jahren geschlossen. Bald nach Passieren einer Schutzhütte wechselt der Radweg wieder rechts über die Ems und folgt nun dem bewaldeten Ufer des Flusses: Autofrei geht es an der Ems entlang zum Badeparadies Emssee und in die Stadt **Warendorf** 06.

Warendorf – Telgte / 20 km / 1:50 Std.

Der Emsradweg verlässt die Altstadt auf dem Uferweg links des Flusses und führt zum Kottrupsee, der aus mehreren Baggerseen besteht (Kottruper Seen). Der Kottrupsee in Neuwarendorf ist Warendorfs Surfrevier und die archäologische Fundstätte eines Sachsendorfs aus dem 8. Jahrhundert. Der Emsradweg umfährt die Baggerseen links (Neuwarendorf), überquert zwischen den Warendorfer Stadtteilen Müssingen und Einen die Ems, folgt der Einener Straße und führt zuletzt auf einem autofreien Weg an der Ems nach **Telgte** 07.

Bier- und Backhaus in Warendorf.

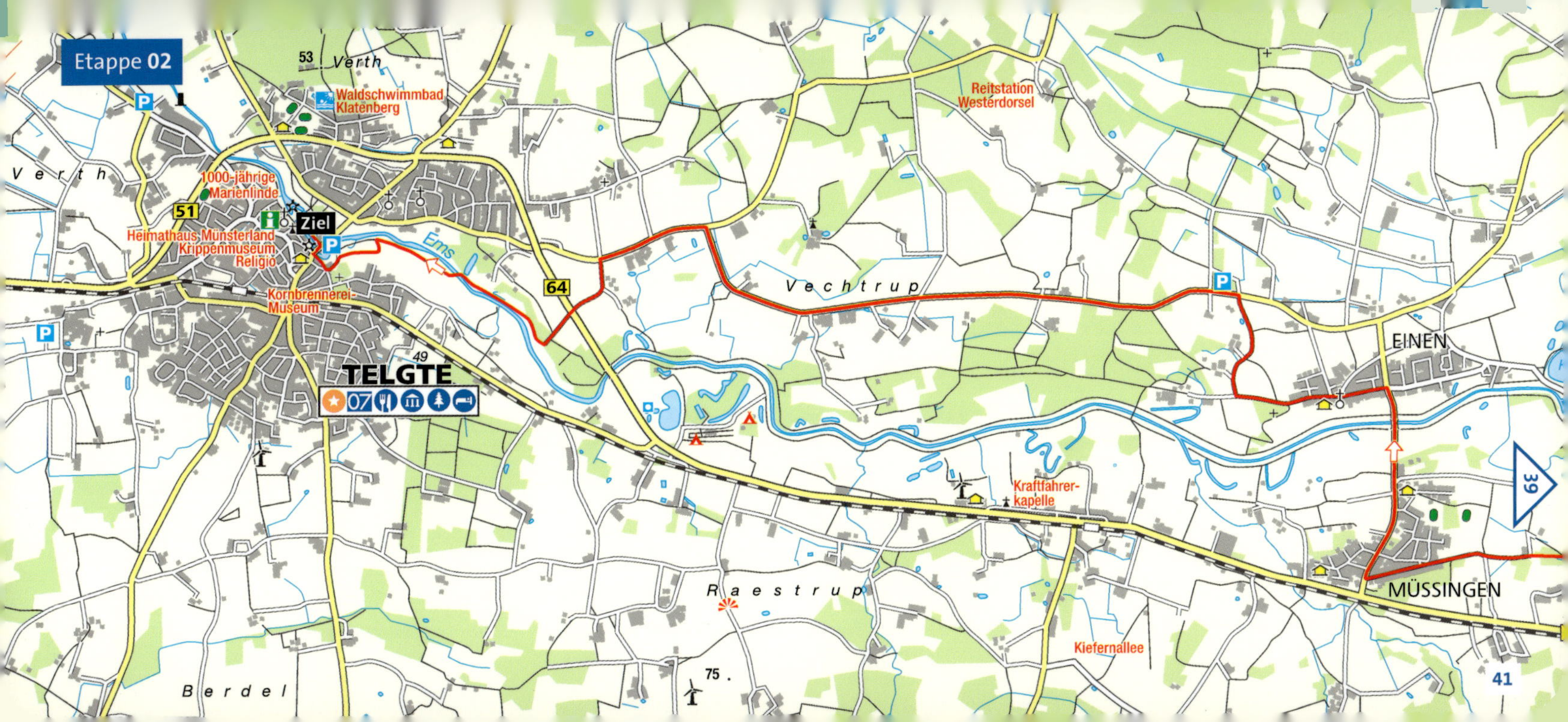

Etappe 02
Verth
Waldschwimmbad Klatenberg
Reitstation Westerdorsel
Verth
1000-jährige Marienlinde
Ziel
Heimathaus Münsterland Krippenmuseum Religio
Ems
Vechtrup
Kornbrennerei-Museum
TELGTE
07
EINEN
Kraftfahrer-kapelle
39
Raestrup
MÜSSINGEN
Kiefernallee
Berdel

AUSFLUGSZIELE / SEHENSWÜRDIGKEITEN & EINKEHRTIPPS

Kloster Marienfeld 02

Das 1185 gegründete Zisterzienserkloster Marienfeld war eines der bedeutendsten Klöster Westfalens. Während der napoleonischen Kriege wurde es verstaatlicht („säkularisiert"), die reich ausgestattete Kirche, die Abtei und die ehemaligen Wirtschaftsgebäude sind erhalten, die Klausurgebäude verfielen und wurden abgerissen. Die Kirche wird als Pfarrkirche genutzt. Ein Teil der Wirtschaftsgebäude ist ebenfalls Landesbesitz und dient als Wohnungen für Pfarrer, Küster und Organist. Weitere Gebäude sind in Privatbesitz und werden als Wohnungen und als Hotel genutzt.

Harsewinkel 03

Harsewinkel und seine Ortsteile Marienfeld und Greffen sind eingebettet in die weite grüne Parklandschaft der münsterländischen Bucht. Die Stadt Harsewinkel ist das urbane Zentrum, in dem der Landmaschinenhersteller Claas einer der größten Arbeitgeber im Münsterland ist. Marienfeld und Greffen hingegen haben ihren dörflichen Charakter gewahrt.

Sankt Lucia Die katholische Pfarrkirche Sankt Lucia in Harsewinkel bestand bereits bei der Gründung des benachbarten Klosters Marienfeld (1185). Die jetzige neugotische Hallenkirche ersetzte 1856–1860 einen zum Teil romanischen Vorgängerbau.

Spökenkieker-Denkmal Das 2,40 m hohe Spökenkieker-Denkmal (1962) vor dem Rathaus von Harsewinkel zeigt einen Schäfer, zu dessen Füßen sich Hund und Schafe ducken; den Stab in der Hand, die Rechte zum breitkrämpigen Hut erhoben, schaut er in die Ferne, als ahne er Kommendes. Spökenkieker (Geisterseher) sind

Stadtpark Harsewinkel (Foto: Stadt Harsewinkel).

Westfalen, Emsländer und Dithmarscher mit „zweitem Gesicht"; viele dieser Seher waren Schäfer. Die Spökenkiekerei galt der Obrigkeit als gefährlich und wurde tabuisiert, doch war Westfalen als Land der Seher weit über die Region hinaus bekannt.

Greffen 05

Greffen ist der kleinste Ortsteil von Harsewinkel. Die dörfliche Siedlung hat sich aus einem Häuserring rund um die Johanneskirche entwickelt. Bis zu den massiven Eingriffen in die dörfliche Bausubstanz in den 1960er- und 1970er-Jahren konnte Greffen die alten dörflichen Strukturen bewahren, von denen sich heute noch Spuren unter den Bäumen auf dem Johannesplatz rund um die stattliche neugotische Kirche finden, hier vor allem das Bürgerhaus in der alten Leismannschen Mühle am Kirchplatz.

Warendorf 06

Die „Stadt der Pferde" ist überregional bekannt durch die jährlichen Hengstparaden des Nordrhein-Westfälischen Landgestüts, das in Warendorf seinen Sitz hat. Die Sportstadt an der Ems ist Sitz der Deutschen Reiterlichen Vereinigung, des Deutschen Olympiade-Komitees für Reiterei, der Deutschen Reitschule, des Bundesleistungszentrums Reiten und der Sportschule der Bundeswehr, in der Athleten wie Michael Groß trainierten und trainieren. In Warendorf fanden 1995 und 2002 die Deutschen Schwimmmeisterschaften statt. Das Bundesligateam des Surfclubs Warendorf wurde 2008 Deutscher Meister.

Altstadt Warendorf hat einen malerischen Altstadtkern bewahrt, mit Straßenzügen und Häusern aus dem 16.–19. Jh. im Umfeld der gotischen Pfarrkirche St. Laurentius. Neben der neoromanischen Marienkirche steht der gotische Kirchturm der alten Marienkirche aus der Zeit um 1200.

Telgte 07

Telgte ist der bedeutendste Wallfahrtsort im Münsterland, die Prozession von Osnabrück nach Telgte mit jeweils 7.500 Teilnehmern die größte im deutschsprachigen Raum. Die Osnabrücker Wallfahrt beginnt nachts um 1.30 Uhr mit Pilgermessen in Osnabrück, an der 150-Jahres-Jubiläumswallfahrt 2002 beteiligten sich mehr als 12.000 Pilger. Die beiden anderen Hauptprozessionen nach Telgte beginnen in Münster und Warendorf. Die Stadtkirche (1522) und die barocke Wallfahrtskapelle (1657) liegen autofrei direkt neben der Ems.

Religionsmuseum RELIGIO Das Westfälische Museum für religiöse Kultur RELIGIO an der Herrenstraße ist ein volkskundlich ausgerichtetes Religionsmuseum in der ehemaligen Pastoratsscheune (um 1600) und in einem Neubau (2011) für das Telgter Hungertuch von 1623. Schwerpunkt ist die Religion in Westfalen in Gegenwart und Vergangenheit (www.museum-religio.de).

Gnadenkapelle Ziel der Wallfahrt zur Schmerzhaften Muttergottes ist eine Pietà, die um 1370 aus dem Holz einer Linde geschnitzt worden sein soll. Die Holzskulptur steht in einer von Peter Pictorius d. Ä. errichteten Barockkapelle (1654–1657) neben der Ems und neben der spätgotischen Stadtkirche von Telgte. Da die Straßen und Plätze bei Kapelle und Kirche dem Verkehr entzogen sind, herrscht eine ruhige, angenehme Atmosphäre: Fachwerkbauten, Straßencafés, alte Bäume. Wer in diesem Idyll zur Kapelle geht und sie betritt , steht dem in gleißendes Licht getauchten alten Bild aus der Linden in einem relativ kleinen Raum gegenüber. Das Lindenholz hat sich im Lauf der Jahrhunderte fast schwarz verfärbt. Die dem Bilde innewohnende Kraft soll schon viele geheilt haben; in der Kapelle ist eine Sammlung von Votivgaben (Weihegaben) ausgestellt.

Tourismusinformation siehe ab S. 134
Übernachtungsverzeichnis siehe ab S. 136

Die Gnadenkapelle in Telgte.

Etappe 03 Telgte – Greven – Emsdetten

An den Emsmäandern durchs Münsterland

48 km	4:30 Std.	22 hm	29 hm		GPS-Koordinaten / Start UTM Zone 32 x: 416.640 m y: 5.760.150 m

Startort: Telgte, 52 m

Start: Ems-Stegbrücke hinter der Clemenskirche an der Schleifstiege

Ziel: Emsdetten, 45 m

Charakter: Die Strecke zeichnet sich durch ein hohes Maß an Naturnähe im Bann der Emsauen aus. Mit der Kanalüberführung der Alten Fahrt des Dortmund-Ems-Kanals findet sich auch ein technisches Highlight am Weg

Verkehr: Die emsnahen Wege sind fast alle autofrei, ansonsten für den öffentlichen Verkehr gesperrte Hofzufahrten sowie Radwege neben Straßen

Tipp: Mit Umsteigen in Münster sind Emsdetten und Telgte durch die Bahn verbunden.

Ausflugsziele / Sehenswürdigkeiten & Einkehrtipps siehe S. 58–61

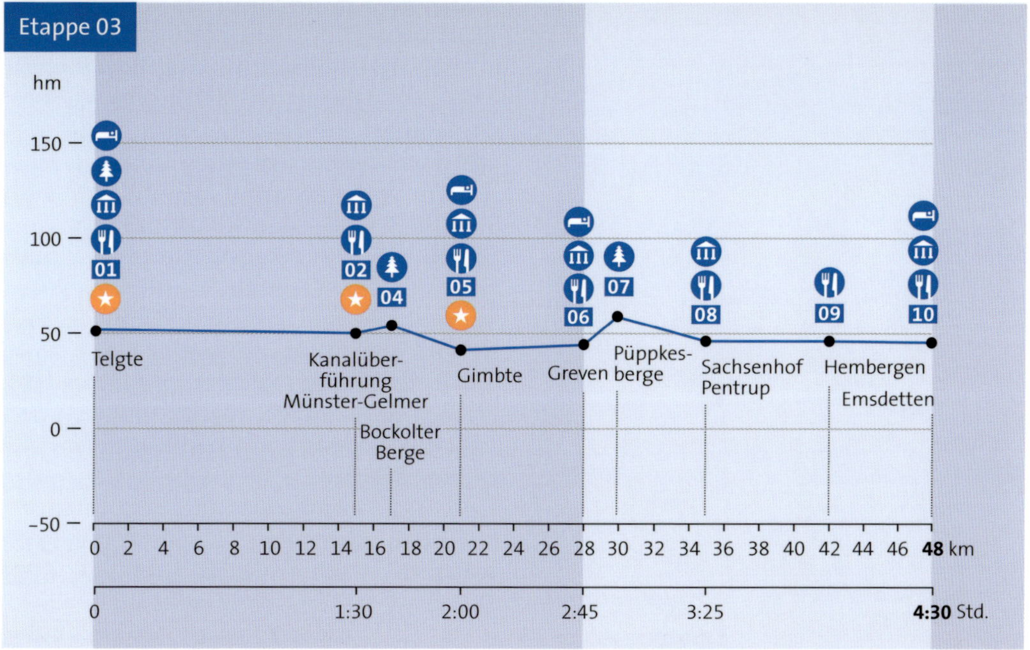

Abstecher nach Münster

Am Dortmund-Ems-Kanal bietet sich ein Abstecher ins sehenswerte **Münster** 03 an: Der Radweg Dortmund-Ems-Kanal führt autofrei nach Münster, von dort führt der Europaradweg R 1 Richtung Telgte bis zur Pleistermühle an der Werse, und der Wersewanderweg führt flussabwärts zurück zur Mündung in die Ems.

Radweg an der Werse bei Münster.

Telgte – Greven / 28 km / 2:45 Std.

Start Von der Ems-Stegbrücke in **Telgte** 01 an der Schleifstiege hinter der Clemenskirche – in unmittelbarer Nähe der Gnadenkapelle – führt der Emsradweg autofrei im Grünen flussabwärts und mündet in die August-Winkhaus-Straße. Sie leitet rechts über die B 51 hinweg in Richtung des Waldfriedhofs Lauheide, dem mit über 35.000 Gräbern größten Friedhof von Münster. Vor dem Waldfriedhof zweigt der Emsweg rechts in die Feldflur ab (Verth), wo eine Schutzhütte zur Rast einlädt. Nach Überqueren der Ems leitet die Straße Haus Langen weiter durch die Felder zum namengebenden Haus Langen, einem ehemaligen Rittergut mit Wassermühle. Haus Langen ist ein beliebtes Ausflugsziel für Radfahrer und Spaziergänger, da das angrenzende Waldgebiet und die Emsaue zwischen den Klatenbergen nördlich Telgte und der Haskenau und der Werse-

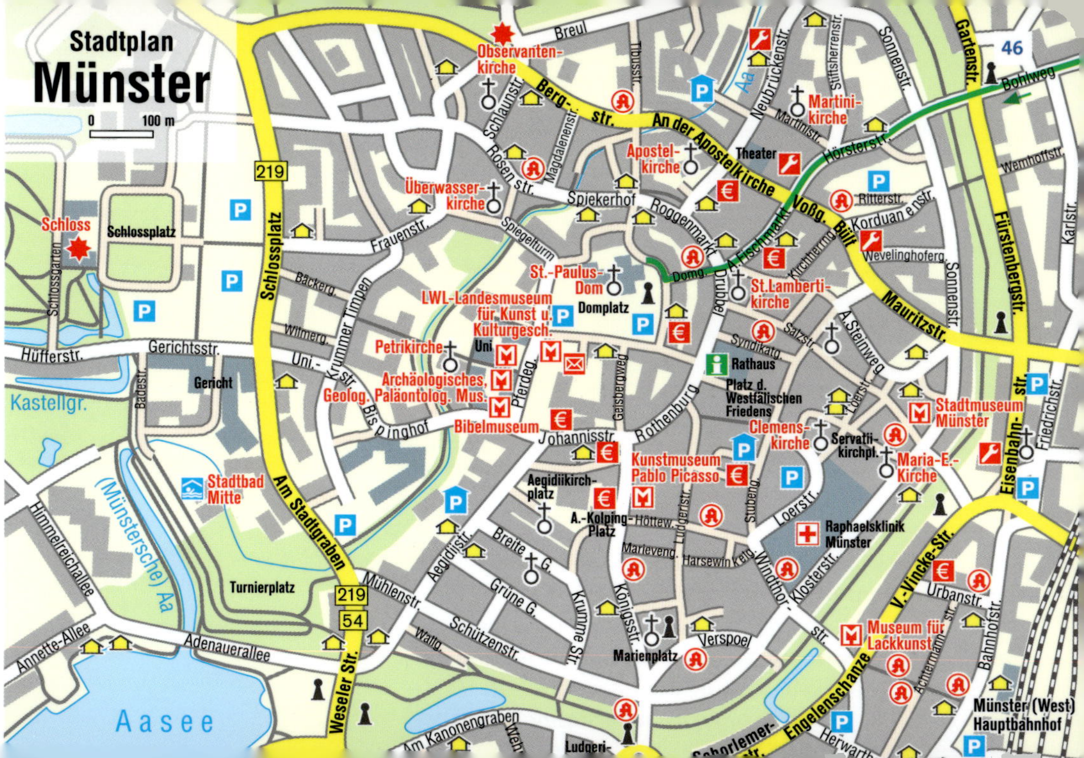

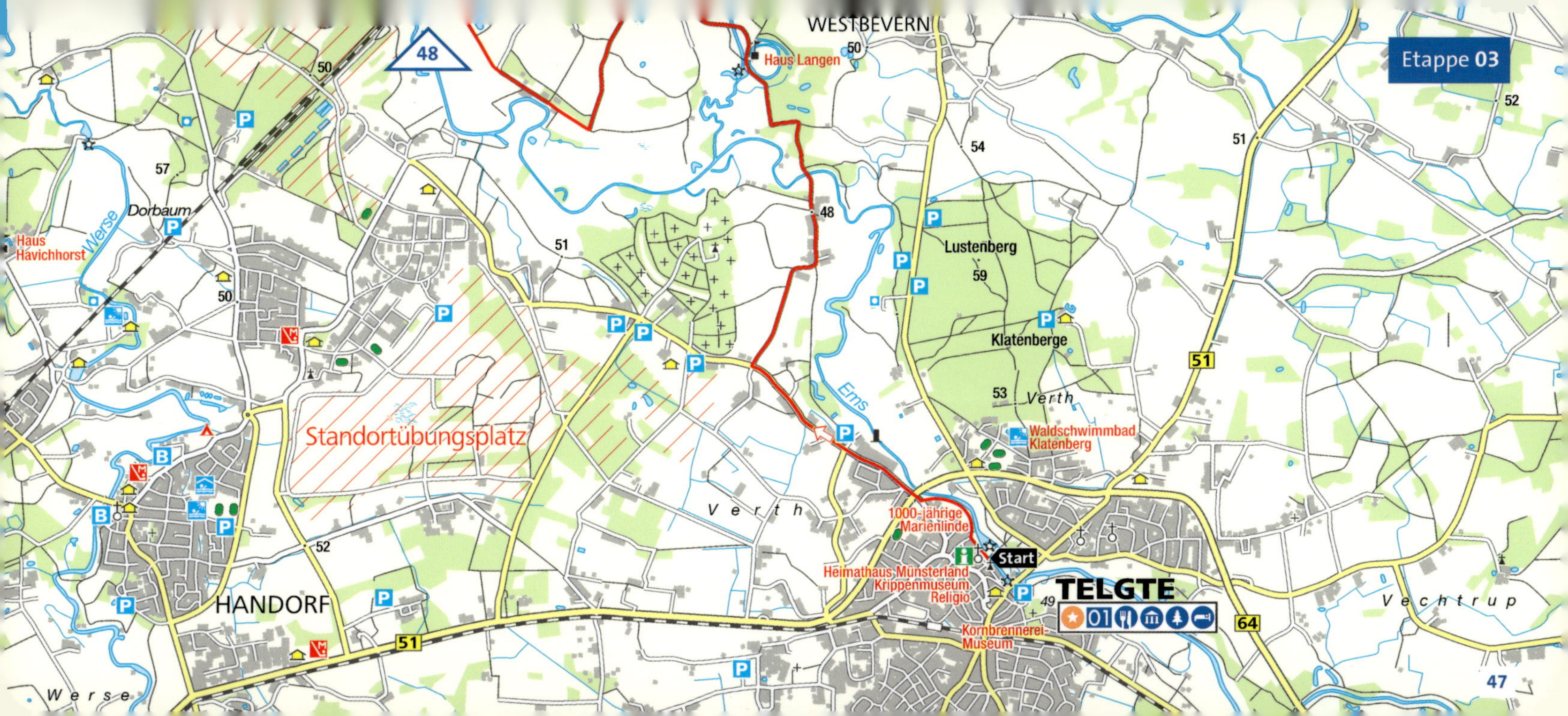
WESTBEVERN
48
Haus Langen
Haus Havichhorst
Dorbaum
Werse
Lustenberg
Klatenberge
Verth
Ems
Standortübungsplatz
Waldschwimmbad Klatenberg
Verth
1000-jährige Marienlinde
Start
Heimathaus Münsterland
Krippenmuseum Religio
TELGTE
Kornbrennerei-Museum
Vechtrup
HANDORF
Werse
51
64
51
01

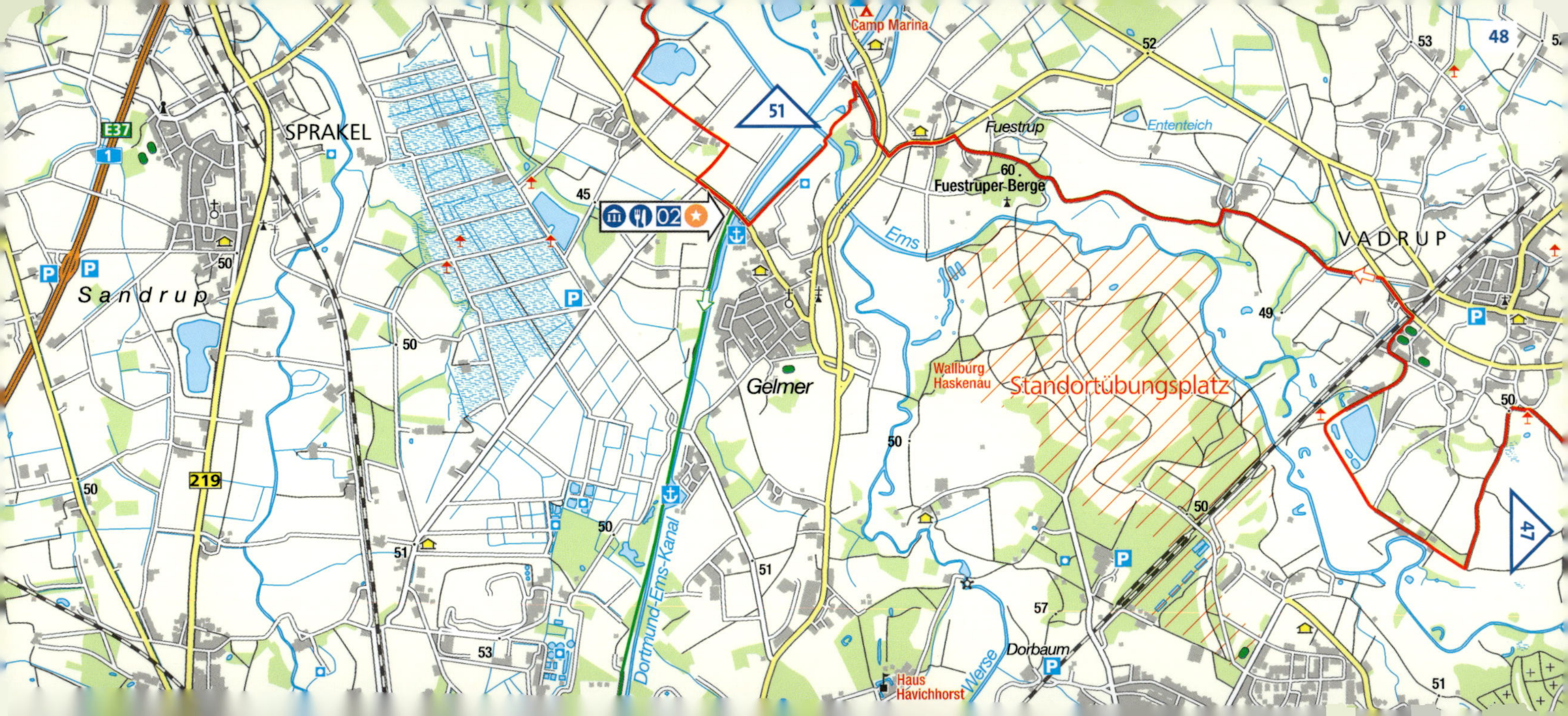
Camp Marina
51
47
Fuestrup
Ententeich
60
Fuestruper-Berge
SPRAKEL
E37
1
45
02
Ems
VADRUP
50
Sandrup
49
Gelmer
Wallburg Haskenau
Standortübungsplatz
219
Dortmund-Ems-Kanal
51
57
53
Dorbaum
Werse
Haus Havichhorst
52

Etappe 03
museum
KINDERHAUS
UPPENBERG
Wienburg
219
54
58
50
55
COERDE
Sudmühle
Mariendorf
Haus Dyckburg
52
50
Standortübungsplatz
HANDORF
51
59
W e r s e
53
54
S c h
Haus Milte
48
MÜNSTER
03
Stadtplan S. 46
ALTSTADT
Schlossgarten
Dom
Landesmus.
Paläontolog. Museum
Picassomus.
Stadtmuseum
MAURITZ
51
SANKT MAURITZ

Pättkes im Münsterland

Charakteristisch für die Fuß- und Radwanderwege im Münsterland sind die „Pättkes“ (Pfädchen), pfadartig schmale Wege in Wald, Heide, Feldflur und Moor abseits der Hauptstraßen. Sie haben neben der landschaftlichen Schönheit den Ruf des Münsterlandes als Radwanderparadies begründet, vielfach folgen ihnen auch Wanderwege. Die Einzahl lautet „Patt“ (Pfad) und „Pättken“ (Pfädchen).

Entstanden sind die Pättkes aus alten Kirch- und Schulwegen sowie aus Fußverbindungswegen zwischen Gehöften. Im Lauf der Zeit wurden sie gelegentlich befestigt, damit sie auch bei regnerischer Witterung besser gangbar waren, doch bis heute sind sie „einspurig“ und das Gegenteil breiter Wirtschaftswege.

mündung nahe Fuestrup für den Autodurchgangsverkehr gesperrt ist: Der Emsradweg führt durch dieses naturschöne Gebiet, hinter dem Josefsee rechts.

Kurz vor dem Bahnhof Westbevern überquert er die Gleise und zweigt gleich darauf schräg links (Borgesch) in die Felder ab, dann heißt es in Fuestrup gut auf die Beschilderung zu achten: Hier erreicht der Emsradweg im Bereich des Dortmund-Ems-Kanals Grevener Stadtgebiet, und ein steinernes Monument des ausgehenden 19. Jhs., die **Kanalüberführung Münster-Gelmer** 02, überspannt die Ems. Der benachbarte Yachthafen Fuestrup ist eine beliebte Anlaufstelle für Skipper, Radler und Wohnmobilisten.

Der Emsradweg verlässt den Kanalbereich auf der Gittruper Straße, die am Gehöft Schulze-Nahrup rechts abwinkelt und über die Ems hinweg in die **Bockholter Berge** 04 mit dem

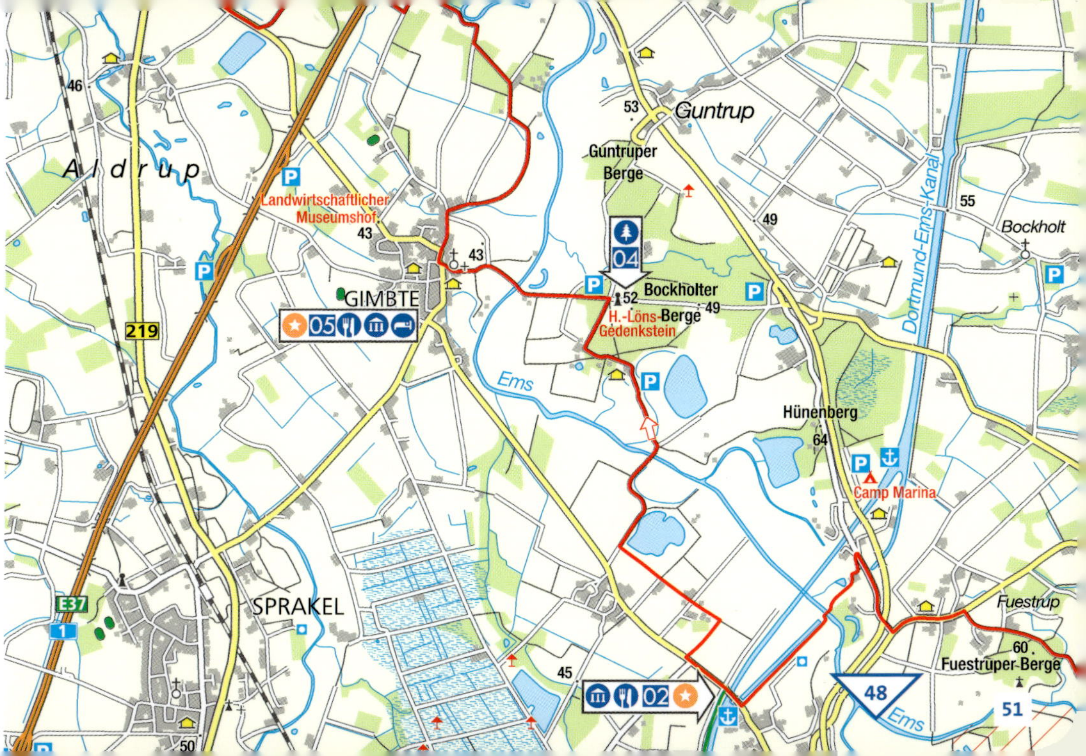

Hermann-Löns-Gedenkstein führt. Nach erneutem Überqueren des Flusses lockt der urige Dorfkern von **Gimbte** 05 mit gutbürgerlicher Gastronomie. Der **Museumshof Averkamp** lohnt einen kurzen Abstecher. Hier wird eine Vielzahl historischer landwirtschaftlicher Geräte präsentiert.

Die Weiterfahrt nach Greven verläuft in unmittelbarer Nähe zur windungsreichen Ems, anfangs auf dem autofreien Weg Zur Kiebitzheide, nach Unterqueren der A1 längs der Grevener Straße, am Ende rechts Aichtriuper Straße. Kurz vor der Emsbrücke veranschaulichen eine Balkenkonstruktion und ein Spanntransparent die ursprüngliche Lage, Größe und das Aussehen der Burganlage Schöneflieth. Die Zollburg an der Emsfurt verlor nach dem Mittelalter ihre Bedeutung und wurde nach wechselvoller Geschichte vor rund 200 Jahren abgetragen. Auf der anderen Emsseite bietet das Freibad Greven

Püppkes

Püppkes sind Püppchen in jeder Bedeutung des Wortes, nur dass eine weitere Bedeutung hinzukommt: Als Püppkes werden in Westfalen auch anthropomorphe Steinfunde bezeichnet. Der Überlieferung zufolge haben Kinder hier früher aus dem Lehm am Emsufer kleine Figuren geformt, um damit zu spielen – die Püppkes. Die Sage hingegen berichtet von Zwergen, die in diesen Bergen wohnten und in Not geratenen Menschen halfen.

Bis zum Beginn der industriellen Revolution trieben die Bauern ihr Vieh in die lichten Wälder auf den Dünen, wo es Eicheln und Bucheckern fraß und die Rinde von den Bäumen abknabberte. Die Bauern schnitten regelmäßig die jungen Zweige mit frischen Blättern von den Bäumen ab, um sie zu verfüttern oder im Stall als Streu zu nutzen. Die knorrigen, mehrstämmigen Eichen zeugen von der historischen Landwirtschaft. In der zweiten Hälfte des 19. Jahrhunderts forsteten die Besitzer die Püppkesberge mit raschwüchsigem Nadelholz auf. Da die Dünen jedoch bis zu 20 Meter hoch sind, war die Aufforstung vielerorts zum Scheitern verurteilt, weshalb viele alte Bäume aus der Waldweidezeit bis heute erhalten geblieben sind.
Heute werden die standortfremden Nadelholzaufforstungen entfernt, dabei kommt eine weitere Art von Püppkes ins Spiel: Auf einer Freifläche pflanzen die Kommunionkinder mit ihrer Kommuniongruppe in den Püppkesbergen einmal im Jahr Eichen.

Gelegenheit zu einem erfrischenden Zwischenstopp. Anschließend geht es auf der Deichkrone längs der Ems autofrei weiter zum Hallenbad Greven beim Ortskern von **Greven** 06. Hier finden sich zahlreiche Möglichkeiten für Rast und Stärkung, zum Aufstocken der Getränke- und Lebensmittelvorräte oder zum Bummel durch die City.

Greven – Emsdetten / 20 km / 1:45 Std.

Nach Überqueren der Bundesstraße 219 am nördlichen Ortsrand taucht der Emsradweg wieder autofrei in die schönen Birken-Eichen-Mischwälder der **Püppkesberge** 07 ein, die unter dem Namen „Wentruper Berge" als Naturschutzgebiet ausgewiesen sind. Durch die Emsauen geht es weiter zum **Sachsenhof Pen-**

Dortmund-Ems-Kanal

Er verbindet auf 265 km die Metropole Westfalens mit der Seehafenstadt Emden, in Nordseenähe nutzt er die Tideems – das von den Gezeiten geprägte Flussbett – als Fahrwasser. 15 Schleusen gleichen die Höhenunterschiede aus. Neben wirtschaftlichen Erfordernissen erfüllt der fast durchgehend zwischen Wäldern und Wiesen verlaufende Kanal in hohem Maße Freizeitfunktionen: Ausflugsschiffe, Yachten und Bootswanderer nutzen den 1899 eröffneten Kanal, der auch ein beliebtes Angelgewässer ist und von zahlreichen Campingplätzen und Sportboothäfen flankiert wird, die auto- und straßenkreuzungsfreien Uferwege sind hervorragende Fuß- und Radwanderwege.

Die **Radroute Dortmund-Ems-Kanal** ist der Radfernwege-Klassiker vom Ruhrgebiet in der Hauptwindrichtung zur Nordsee. Auf autofreien Kanaluferwegen folgt sie dem Kanal von Dortmund ins Münsterland und durch das Emsland, in der Seehafenstadt Emden beginnt der Schlussspurt durch die Grünfluren Ostfrieslands zum Nordseeheilbad Norddeich mit dem Fährhafen zur Insel Norderney im Weltnaturerbe Wattenmeer.

Am Dortmund-Ems-Kanal.

ISENDORF
481
Hemeler See
475
SINNINGEN
37
46
45
219
Middendorf
Dorf-
41
Ems
EMSDETTEN
Ziel
10
475
Saerbeck
Heimatmuseum
August-Holländer-Museum
Wannenmachermuseum
Galerie Münsterland
Kornbrennerei
bauerschaft
Hanfteich
40
AUSTUM
Nötleber
48
38
45
Waldfreibad
Stadtpark
Ems

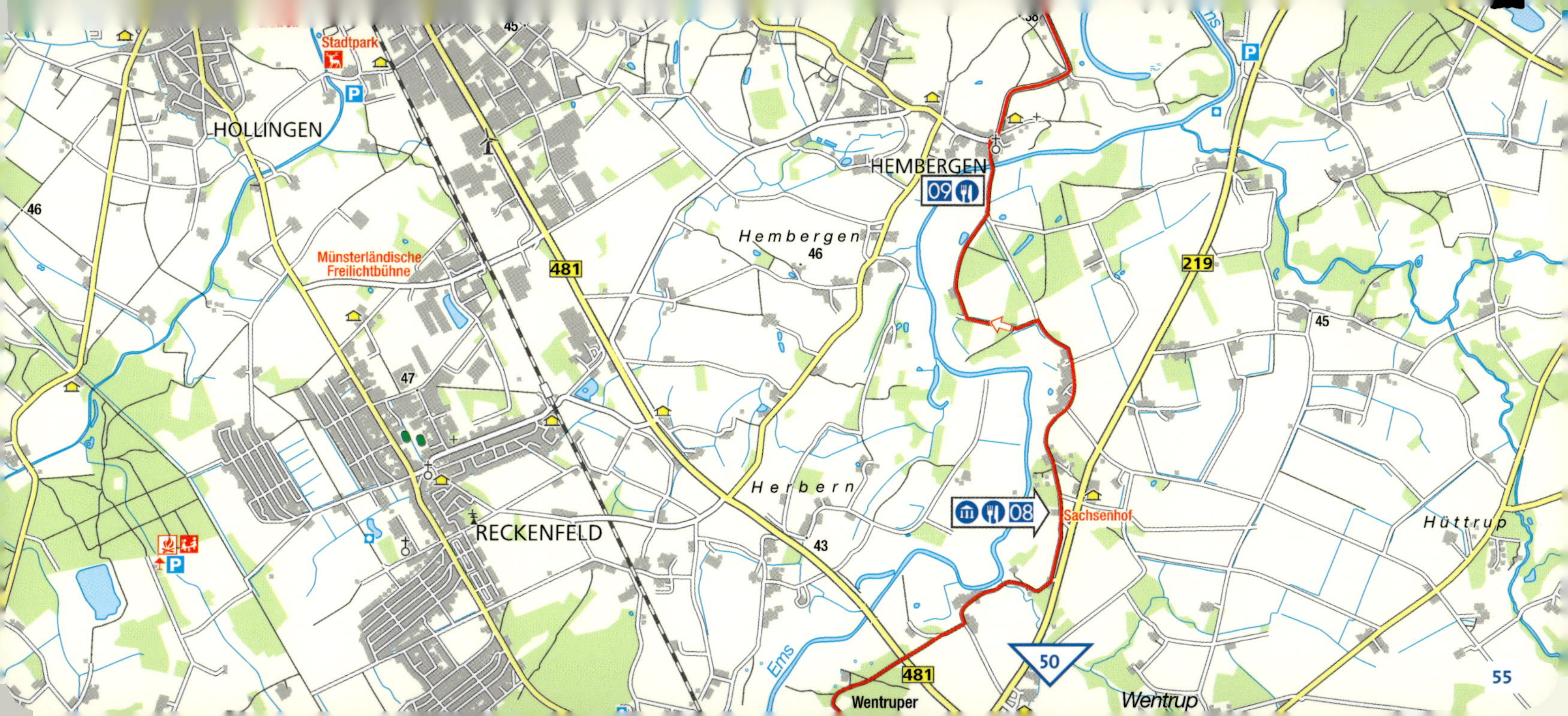
Stadtpark
HOLLINGEN
HEMBERGEN
09
Hembergen
46
Münsterländische
Freilichtbühne
481
219
47
45
Herbern
08
Sachsenhof
RECKENFELD
43
Hüttrup
Ems
50
481
Wentruper
Wentrup

trup 08, wo liebevoll rekonstruierte und unterhaltene Gebäude, Nutzgärten und Geräte ein anschauliches Bild vom Wohnen, Arbeiten und der frühmittelalterlichen Lebensweise in der Region vermitteln.

Während der Emsauenfahrt weiter flussabwärts lässt vor der Emsbrücke bei Hambergen das Kunstwerk Sixth Chimney aufschauen: Der schwedische Visualartist Jan Svenungsson, der sich auf die Errichtung funktionsfreier Fabrikkamine (englisch: chimney) in unterschiedlichen Architektur- und Landschaftszusammenhängen spezialisiert hat, hat im Jahre 2001 zwischen einem Feld und dem Waldrand einen 15 Meter hohen, zweckfreien Schornstein gebaut. Er möchte diese steuerfinanzierte Skulptur als „offenes Interpretationsfeld" verstanden wissen, das heißt, wie die Püppkes in den Püppkesbergen lässt sich der Fabrikschornstein unterschiedlich deuten, als Demonstration der „Wirkmacht purer Schönheit", als Verweis auf historische Industriearchitektur oder als Hommage an die surrealen Traumlandschaften Giorgio de Chiricos. Svenungsson hat mittlerweile schon neun Schornsteine gebaut, der 18 Meter hohe „Ninth Chimney" ist seit 2008 in Hamm zu bewundern.

Nach Überqueren der Ems lädt im ländlich geprägten Kirchdorf **Hembergen** 09 das „Alte Gasthaus Lanvers" (www.hotel-lanvers.de) zur Einkehr ein, der Radweg verlässt das Dorf schräg rechts auf der Durchgangsstraße und folgt ihr durch die Feldflur mit Blick auf das Kirchdorf Saerbeck am gegenüberliegenden Ufer – wo es Hochprozentiges im Kornbrennereimuseum gibt –, bleibt jedoch dem linken Ufer treu und verlässt die Kreisstraße links auf dem Saerbecker Weg, an dem bald darauf eine Schutzhütte am Rand der Emsauen zur Rast einlädt und wenig später der Zielort **Emsdetten** 10 erreicht ist **Ziel**.

Droste-Hülshoffs Rüschhaus in Münster.

Pleistermühle an der Werse.

AUSFLUGSZIELE / SEHENSWÜRDIGKEITEN & EINKEHRTIPPS

Münster 03

Münster ist die Hauptstadt und Namensgeberin des Münsterlandes. 2004 gewann die Universitäts- und „Fahrradstadt“ den vom UN-Umweltprogramm unterstützten LivCom-Award als eine der lebenswertesten Städte der Erde (International Award for Liveable Communities). Der Name Münster bedeutet „Kloster“ (lateinisch: monasterium), Münsterland ist „Klosterland“. Der Name verweist darauf, dass Stadt und Land ab dem Mittelalter als Reichsfürstentum einer Priesterherrschaft unterstanden: Der Herrscher war politisches (Fürst und Lehnsherr) und geistliches Oberhaupt (Bischof). Während der napoleonischen Kriege wurde der geistliche Staat 1803 „säkularisiert“, d. h. enteignet und aufgelöst.

Altstadt Die Altstadt von Münster mit Arkaden, Giebelhäusern, Kirchen und dem Prinzipialmarkt zählt zu den schönsten städtischen Gesamtanlagen Deutschlands, der auf eine Kirchengründung des Missionars Liudger zurückgehende gotische Dom (13. Jh.) ist die größte und bedeutendste Bischofskirche Westfalens. Den Prinzipialmarkt im Herzen der Altstadt mit Giebelhäusern, dem monumentalen gotischen Rathaus (14. Jh., im Inneren der Friedenssaal von 1577) und der Stadt- und Marktpfarrkirche Sankt Lamberti (1375–1450) bezeichnete Ricarda Huch als „schönsten Freilichtsaal der Welt“. 1943–1945 zerstörten die Alliierten die Altstadt im Rahmen „moralischer Bombardements“ zu 91 % durch Spreng- und Brandbomben, der Wiederaufbau orientierte sich bis in Details (Parzellenbreiten, Giebelreihung) an den alten Formen, das Rathaus mit dem filigranen Treppengiebel (14. Jh.) wurde ebenso wieder aufgebaut wie der gotische Dom und das Stadtweinhaus (1615) im Stil der Spätrenaissance. Schon 1953 bezeichnete Bundespräsident Theodor Heuss das wieder aufgebaute Münster als die schönste Stadt Deutschlands.

Friedenssaal des Rathauses Hier wurde 1648 ein Teilabkommen des Westfälischen Friedens zur Beendigung des Dreißigjährigen Kriegs unterzeichnet. Der am 30.1.1648 im Krameramtshaus (heute: Haus der Niederlande) in Münster vereinbarte und am 15.5.1648 im Friedenssaal unterzeichnete Spanisch-Niederländische „Vrede van Munster“ (holländ.: Frieden von Münster) beendete den Achtzigjährigen Krieg (1568–1648) der nördlichen Niederlande gegen das Habsburger-Königreich Spanien. Die reformierten nördlichen Niederlande („Generalstaaten“) erhielten die Unabhängigkeit. Der Vrede van Munster gilt als Geburtsstunde der modernen Niederlande. Am 5./6.9.1648 wurde zwischen dem Heiligen Römischen Reich und Frankreich der Teilfrieden von Münster unterzeichnet; zusammen mit dem Teilfrieden von Osnabrück beendete er den Dreißigjährigen Krieg.

Täuferkäfige In den drei Käfigen am Turm der Lambertikirche hingen 1535/36 die Leichen von Johan Bockelson und zweier weiterer Anführer der Wiedertäufer; Bockelson, selbst ernannter „König von Münster“, und Bürgermeister Knipperdolling hatten 1534 in Münster ein fundamentalistisches „Täuferreich“ errichtet.

Schloss/Universität Das ehemalige fürstbischöfliche Residenzschloss Münster ist ein Hauptwerk des norddeutschen Barock und ein Meisterwerk Conrad Schlauns, der mit dem Bau der 91 m langen Dreiflügelanlage 1767 begann. Nach der völligen Zerstörung 1945 wurde das Äußere 1947–1953 als Hauptgebäude der Universität nach alten Plänen wieder aufgebaut. Das heute als Sitz der Universitätsverwaltung fungierende Schloss ist umgeben von ausgedehnten Parkanlagen, darunter dem Botanischen Garten.

Überwasserkirche Die Pfarrkirche Liebfrauen-Überwasser steht „über dem Wasser" = jenseits der Aa; ihr helmloser gotischer Turmkoloss zählt zu den stadtbildprägenden Bauwerken von Münster. Der Turmhelm der 1340–1370 errichteten Kirche wurde von den Wiedertäufern abgetragen, ein zweiter 1708 abgeweht.

Rüschhaus Das von Conrad Schlaun 1745-1749 für sich selbst erbaute Rüschhaus (heute Droste-Museum) vereinigt die Architektur münsterländischer Bauernhäuser und barocker Herrensitze. 1826-1848 lebte in dem von einem Garten umgebenen Landgut zeitweise Annette von Droste-Hülshoff, die hier die Kriminalerzählung „Die Judenbuche" (1842) und viele ihrer Gedichte schrieb.

Hafen Der Hafen Münster am Dortmund-Ems-Kanal hat sich vom Güterumschlagplatz zum Kreativkai entwickelt: Bürohäuser, Kunst, Kultur, Restaurants und Szeneclubs sorgen am Kreativkai (Nordufer) dafür, dass hier rund um die Uhr etwas los ist. Während das Südufer weiterhin von klassischen Hafenanlagen geprägt wird, entstand am Kreativkai durch den Umbau ehemaliger Speicherhäuser sowie durch Neubauten Münsters moderne Waterfront.

Münster, Pleistermühle.

Die Ausstellungshalle zeitgenössischer Kunst Münster befindet sich in einem umgebauten Speicherhaus, das zudem zahlreiche Künstlerateliers beheimatet. Hinzu kommen ein Kino, das Wolfgang Borchert Theater am Hafenweg 6–8 und der Hot Jazz Club, im Pierhouse werden karibische Cocktails gemixt und das Restaurant „Heaven" verwandelt sich an Wochenenden und Feiertagen in einen pulsierenden Club.
Veranstaltungshöhepunkt ist das einmal im Jahr stattfindende Hafenfest: Drei Tage und Nächte sind das Hafenbecken und die angrenzende Promenade eine Bühne für Musiker, Aktionen und sportliche Aktivitäten.

Kanalüberführung Münster-Gelmer 02

Die Kanalüberführung Münster-Gelmer zählt zu den bedeutenden Technikdenkmälern am Dortmund-Ems-Kanal. Die Überführung der Alten Fahrt des Dortmund-Ems-Kanals über die Ems wurde 1897 als Bogenkonstruktion mit vier 12,6 m breiten Bogenöffnungen vollendet. Die Überführung der Alten Fahrt war den Anforderungen bald nicht mehr gewachsen, 1939 wurde die Neue Fahrt mit neuer Kanalüberführung errichtet. Beide Kanalüberführungen waren in Betrieb, bis alliierte Bomberpiloten die Überführung der Neuen Fahrt 1940 zerstörten: Das Wasser des Dortmund-Ems-Kanals ergoss sich in die darunter fließende Ems. Ein Auslaufen des Kanals wurde durch Schließen eines der Sperrtore verhindert.

Bockholter Berge 04

Die Bockholter Berge sind ein nacheiszeitlich aufgewehter Dünenkomplex, auf dem sich Sandheiden, Sandtrockenrasen und Wacholderbestände entwickelt haben. Das beliebte Naherholungsgebiet ist durch viele Wanderwege erschlossen, die unter anderem zum Gellenbach führen: Tief hat sich dieser in den Sand eingegraben und windet sich zwischen Steilufern und Sandbänken durch das Dünengebiet, an Uferabbrüchen gräbt der Eisvogel seine Nisthöhlen. Die Kiefernforste, die weite Teile des Naturschutzgebiets einnehmen, sollen nach und nach in Eichen-Birkenwälder umgewandelt werden, die von Natur aus hier wachsen würden. Vor 100 Jahren erfreute sich schon der Heidedichter Herman Löns an der Heide in den Bockholter Bergen; ein Gedenkstein erinnert daran.

Gimbte 05

Ein pittoresker Ortskern, viele Cafés und Restaurants, eine überaus reizvolle Umgebung: Das Kirchdorf Gimbte hat alles, was ein Ausflugsort braucht, und so wundert es nicht, dass hier nicht nur in den Sommermonaten reger Betrieb herrscht. Durch den Strukturwandel in der Landwirtschaft verlor Gimbte ab den 1980er Jahren mehr und mehr seinen Charakter als Bauerndorf, heute ist Gimbte als Wohnort mit Einfamilienhäusern gefragt, doch wird auf eine behutsame Dorfentwicklung Wert gelegt, um das aus einem Drubbel, einer Bauernhofgruppe, gewachsene Ortsbild zu erhalten. Stattliche Bauernhöfe bestimmen ebenso das Ortsbild wie die Johanneskirche mit ihrem romanischen Taufstein. Mittlerweile überregionale Bedeutung hat der seit 1985 jährlich stattfindende Kleinkunstmarkt.

Greven 06

Greven mit der im Zentrum in erhöhter Lage errichteten Martinskirche (romanischer Westturm), einer Gründung des Missionsbischofs Liudger, ist eine der Urpfarren des Münsterlandes. Der Hoek (die Ecke) ist das älteste erhaltene Siedlungsgebiet; er entstand im 17. Jahrhundert in ungeplanter Form und wird geprägt von Ackerbürgerhäusern, wie sie auch noch an der Marktstraße zu finden sind. Bis 1950 war Greven das „größte Dorf des Münsterlandes", dann erhielt es die Stadtrechte und das Wappen mit der silbernen Emspünte auf blauem Grund. Die Industrialisierung Grevens ab Mitte des 19. Jhs. basierte wie in weiten Teilen des Münsterlandes auf der Textilindustrie. Mit ihrem Aufkommen vollzog sich der Wandel vom Markt- zum Industriestandort. Augenscheinlich wird dieser Sprung im Stadtbild, wo neben Ackerbürgerhäusern gründerzeitliche Villen treten. Ein herausragendes Beispiel der Industriekultur ist das Gebäude der Grevener Baumwollspinnerei, heute ein viel besuchtes Kultur- und Bildungszentrum.

Püppkesberge 07

Die Püppkesberge sind ein von Kiefern, Birken und Eichen bestandenes Dünengebiet am Rand der Emsaue unterhalb von Greven; unter der Bezeichnung „Wentruper Berge" stehen sie als Kompensationsfläche unter Naturschutz.

Sachsenhof Pentrup 08

1973 begann das Westfälische Museum für Archäologie Münster mit Ausgrabungen im Sandabbaugebiet Gittrup. Dabei wurden frühmittelalterliche sowie Spuren älteren urgeschichtlichen Lebens gefunden, die vom eiszeitlichen Neandertaler (Faustkeil) über die jungsteinzeitliche, Ackerbau betreibende Bevölkerung (Gräber der Trichterbecherkultur) bis zum Menschen der vorrömischen Eisenzeit (großer Urnenfriedhof) reichen. Um die Bedeutung der archäologischen Untersuchungen und die daraus gewonnenen Erkenntnisse auch Besuchern schon während der laufenden Ausgrabungen verständlich zu machen, wurde 1983 mit der Rekonstruktion eines frühmittelalterlichen sächsischen Hofplatzes aus dem 6. bis 8. Jh. in unmittelbarer Nähe der Ausgrabungsfläche begonnen.

Diese Anlage wurde 1987 nach Pentrup verlegt. Im Mittelpunkt steht das Haupthaus als Wohn- und Stallhaus. Dieses ca. 18 m lange reetgedeckte Pfostenhaus mit seinen schiffsförmig gebogenen Längswänden, schrägen Außenpfosten und seinem stützfreien Innenraum ist charakteristisch für die Häuser der Sachsen in dieser Zeit. Die aus Weiden geflochtenen Wände sind mit einem Lehmverputz versehen. Als Nebengebäude gehören ein Grubenhaus, ein Speicher und ein Heuberg zum Hofplatz. Die bis zu 1 m in die Erde eingetieften Grubenhäuser benutzten die Sachsen als Handwerkshäuser. Funde von Standspuren ehemaliger Webstühle sowie tönerne Webgewichte und Spinnwirtel zeigen, dass sie ganz besonders zur Textilherstellung genutzt wurden.

Emsdetten 10

Die Stadt Emsdetten liegt an der Mündung des Mühlenbachs in die Ems mit einer der frühesten neugotischen Kirchen Westfalens. Im Zentrum befindet sich die Museumsinsel Hof Deitmar mit Wannenmachermuseum und Backhaus. Der berühmteste Abiturient des Gymnasiums von Emsdetten ist der Physiknobelpreisträger Johannes Georg Bednorz. Der Stadtpark mit seinen großen schattenspendenden Bäumen lädt zur Erholung ein. Das angrenzende Waldfreibad mit Riesenrutsche und Strandkörben vermittelt einen Hauch Strandatmosphäre. Sportissimo Emsdetten ist die Größte Sportshow im Münsterland.

Tourismusinformation siehe ab S. 134
Übernachtungsverzeichnis siehe ab S. 136

Etappe 04 Emsdetten – Rheine – Lingen

Vom Münsterland ins südliche Emsland

61 km | 6:00 Std. | 9 hm | 32 hm

GPS-Koordinaten / Start
UTM Zone 32 x: 399.600 m y: 5.781.750 m

Startort: Emsdetten, 45 m
Start: Lindenstraße nördlich des Bahnhofs Emsdetten
Ziel: Lingen, 24 m
Charakter: Leichte Grünland-, Wald- und Emsauenfahrt, ab Rheine in der Hauptwindrichtung
Verkehr: Mit Ausnahme der Bundesstraßenpassage bei Gellendorf folgt der Radweg meist für den öffentlichen Verkehr gesperrten Wirtschaftswegen und Hofzufahrten

Tipp: Emsdetten, Rheine und Lingen liegen alle an der Emsland-Express-Strecke, sodass die Rückkehr mit der Bahn problemlos möglich ist.

Ausflugsziele / Sehenswürdigkeiten & Einkehrtipps siehe S. 74–77

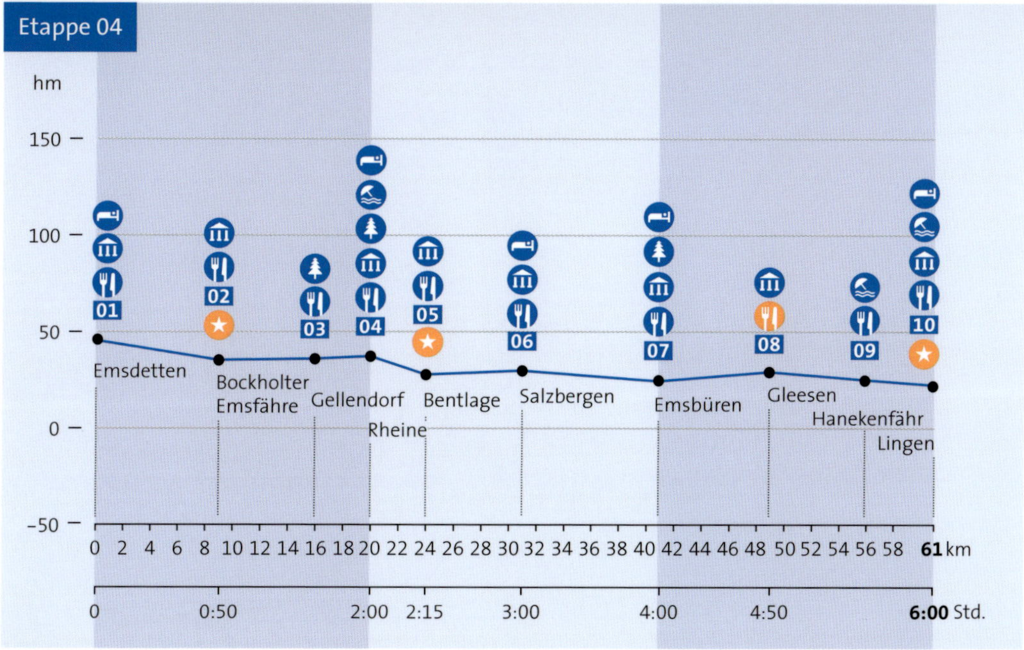

Am Klosterschloss Bentlage bei Rheine verlässt der Emsradweg die Parklandschaft des Münsterlandes und taucht in die Auenlandschaft des Emslandes ein. Der Charakter des Flusses ändert sich nicht: In zahllosen Windungen schlängelt er sich durch Wiesen und Wälder. Zu den Höhepunkten der Etappe zählen neben Bentlage die Raststellen an den Anlegern der Radel-Emsfähren von Bockholt und Emsbüren, das Naherholungsgebiet Gleesen-Hanekenfähr zwischen Emsbüren und Lingen sowie die Altstädte von Rheine und Lingen.

Emsdetten – Rheine / 20 km / 2:00 Std.

Start Nordwärts auf der Lindenstraße verlässt der Emsradweg **Emsdetten** 01 und taucht nach Überqueren der Bundesstraße 481 in das Emsauen-Naturschutzgebiet ein: auf der ersten Stegbrücke rechts über die Ems zum **Hermeler See**, der ein beliebtes Angelgewässer ist und dessen Sandstrandufer früher viele zum

Baden lockten, bis die Untere Landschaftsbehörde 2011 Lastwagen mit schwarzer Muttererde anfahren und das Schwarze auf den feinen hellen Sand sowie auf etliche Spazierwege kippen ließ – unter dem Motto „Rekultivierung" eines Naturschutzgebiets.

Nach Durchfahren des Waldstücks hinter dem See geht es kurz längs der Saebecker Straße links und dann links ab auf überwiegend autofreien Wegen durch die Gehölze und Wiesen rechts der Ems zum Ausflugslokal **Bockholter Emsfähre** 02 am Butterpilzweg mit Biergarten und Fähranleger direkt an der Ems. Im Wechsel aus autofreien Wegen und kurzen Nebenstraßen-Passagen geht es zwischen Wald und Wiesen weiter emsabwärts, ehe vor **Gellendorf** 03 in der **Gellendorfer Mark** die Bundesstraße die Route zur Rheiner Eisenbahnbrücke vorgibt.

In gemeinsamer Routenführung mit dem Her-

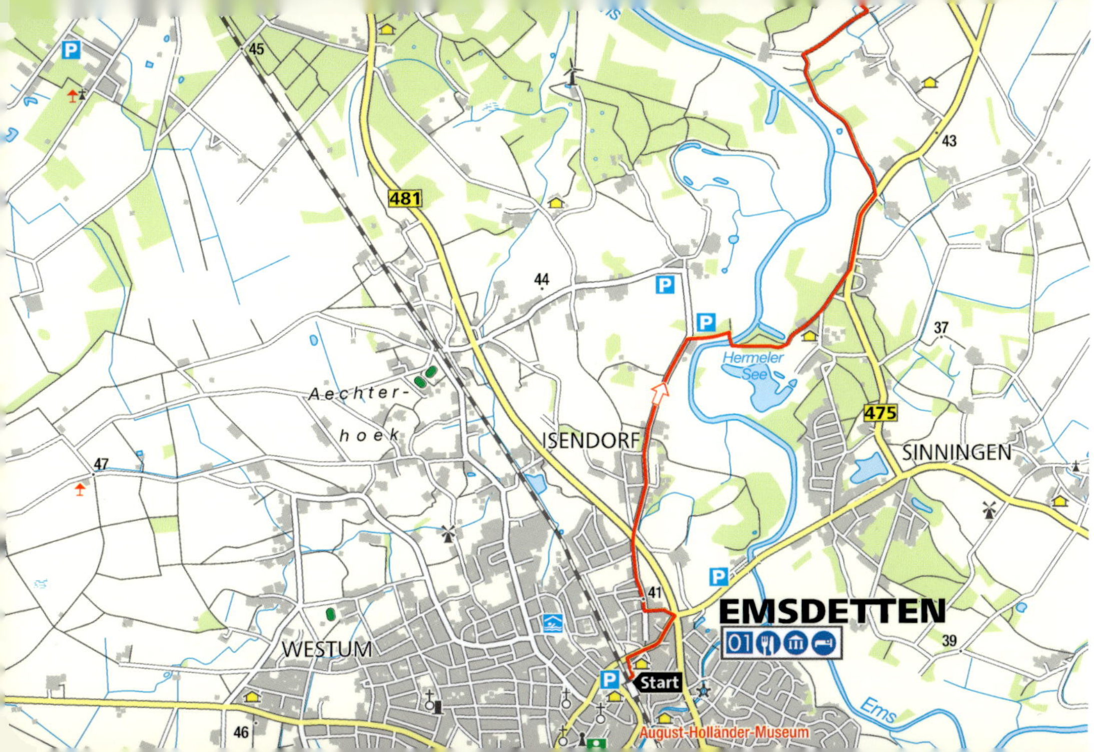

mannsweg, dem Höhenweg des Teutoburger Waldes, überquert der Emsradweg auf der Eisenbahnbrücke den Fluss und wechselt auf den autofreien linken Uferweg, von dem aus die nahe Altstadt von **Rheine** 04 rasch erreichbar ist. Ein Highlight sind unterhalb von Rheine die Parkanlagen von **Schloss Bentlage** 05 beim Naturzoo Rheine.

Rheine: Schloss Bentlage.

Hermannsweg – Kammweg des Teutoburger Waldes

Von der Fachwerkstadt Rheine an der Ems führt der nach Hermann dem Cherusker benannte und mit dem Buchstaben „H“ markierte Fernwanderweg durch die Parklandschaft des nördlichen Münsterlandes zu den Dörenther Klippen, zum Hermannsdenkmal und zu den Externsteinen und endet nach 154 km auf der Velmerstot, dem von einem Aussichtsturm bekrönten höchsten Berg von Teutoburger Wald und Egge.

Zwischen Hermannsdenkmal und Velmerstot haben der Hermannsweg und der Europäische Fernwanderweg 1 fast durchgehend Gleichlauf, die Fortsetzung des Hermannswegs ist der Eggeweg, der ebenso wie der Hermannsweg als „Qualitätsweg Wanderbares Deutschland“ zu den attraktivsten Fernwanderwegen der Bundesrepublik zählt.

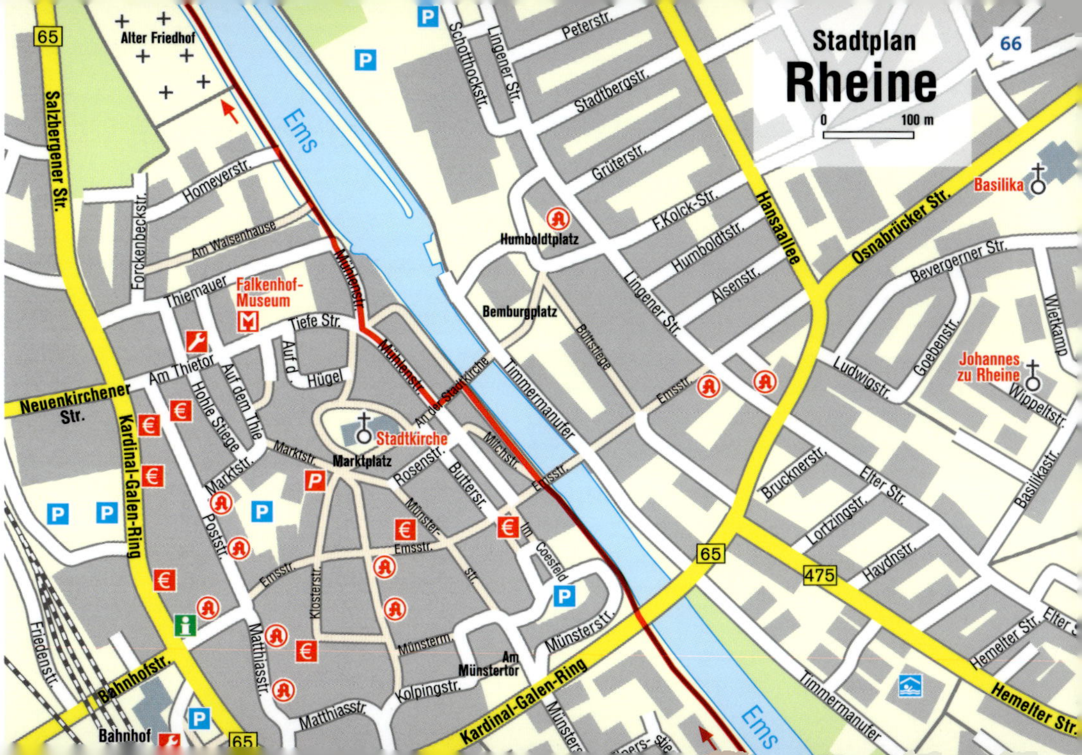

Schloss Bentlage.

Rheine – Emsbüren / 21 km / 2:00 Std.

Durch Wiesen, Gehölze und Felder folgt der Radweg weiter den Mäandern der Ems und zweigt am Camping an der Ems links nach **Salzbergen** 06 ab. Auf der schmalen Straße Wieschebrink geht es wieder hinaus in die Emsauen, wo bald darauf eine Schutzhütte zur Rast einlädt.

Dampflokabschied

Was 1835 in Deutschland mit der ersten Dampflok zwischen Nürnberg und Fürth spektakulär begann, endete mit einer Fahrt zwischen Osnabrück und Rheine in einer Septembernacht 1977. Am 11./12. September fand in Rheine das Dampflokabschiedsfest statt und mit dem anschließenden Fahrplanwechsel am 24./25.September beendete die Deutsche Bundesbahn den Einsatz von Dampflokomotiven.

Salzbergen
06
Feuerwehr-
museum
Denkmalslokomotive
Holde
Dalsterhoek
Hummeldorf
Holsten
Achteresch
Gut
Stovern
Kutschen-
ausstellung
Steide
Jelly-Beans-
Spielwelt
Rheine-Nord
Dortmund-Ems-Kanal
aarentelge
05
Schloss
Bentlage
Saline Gottesgabe
Salinenpark
NaturZoo
BENT-
LAGE
Militärflugplatz
Rheine/Bentlage
Ems
SCHOTTHOCK
RHEINE
67
70
65

Missionierung: Erste Kirchen an der Ems

Der in Utrecht und York ausgebildete Friese Liudger, auch Ludger genannt, wurde 792 von Karl dem Großen mit der Missionierung der Friesen und Sachsen betraut. Alkuin, einer von Liudgers Lehrern, hatte seine Yorker Schüler aufgefordert, „mit heiligen Gesängen die Schiffe der Friesen zu erfüllen", d. h. bei der Missionierung „sanft" vorzugehen. Die Ems diente Liudger während seiner Missionsreisen als Verkehrsleitlinie. Längs des Flusses ließ er verschiedene Rast- und Missionsstationen anlegen. Die bekannteste war Emsbüren in der Nähe der sog. Hünenburg: Emsbüren besaß einen der zwölf Amtshöfe, die auf eine Schenkung Karls des Großen an Liudger zurückgeführt werden. Im östlichen, sächsischen Emsland gründete Liudger in Aschendorf (Papenburg) um 800 die Taufkirche des östlichen Emsgaus.

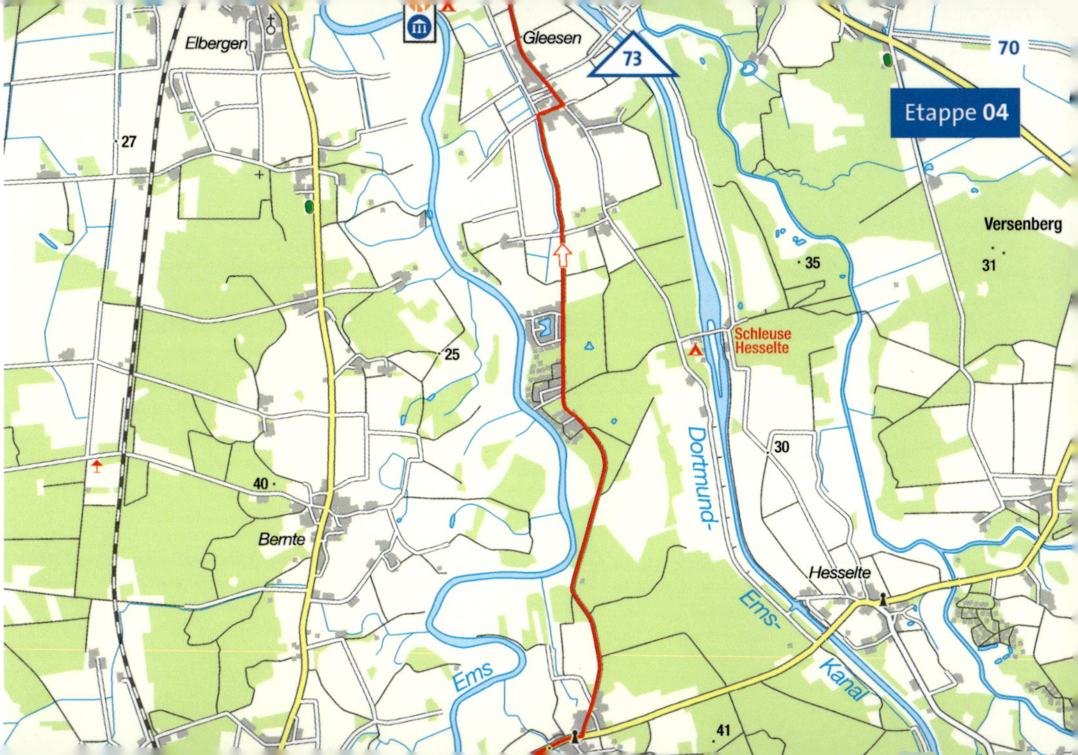

Nach Unterqueren der A 30 setzt sich der Wieschebrink autofrei am Rand der Wälder und Wiesen längs der Emsschleifen und -altarme fort. Wo der Radweg nach Passieren einer durchstochenen Emsschleife den Wald verlässt, lohnt an Wochenenden der kurze Abstecher rechts zur Emsbürener Emsfähre: Mit der „St. Christophorus MehrLi“ hat die Ems seit 2011 eine weitere seilgebundenen Personen- und Fahrradfähre. Sie verbindet die durch die Ems getrennten Ortsteile Mehringen und Listrup und ist wie die Leher Pünte und die Bockholter Fähre ein Highlight am Emsradweg. Sie bietet Platz für ca. 10 Personen und 10 Fahrräder. Der Fährbetrieb wird von Mai bis Oktober an jedem Samstagnachmittag von 14–18 Uhr sowie an Sonn-/Feiertagen von 10– 18 Uhr angeboten.

Nach diesem Abstecher lädt an der Swingolf-Anlage Mehringer Heide das Bauernhofcafé „In’t Hürhus“ zur Einkehr vor dem östlichen Ortsrand von **Emsbüren** 07 ein;

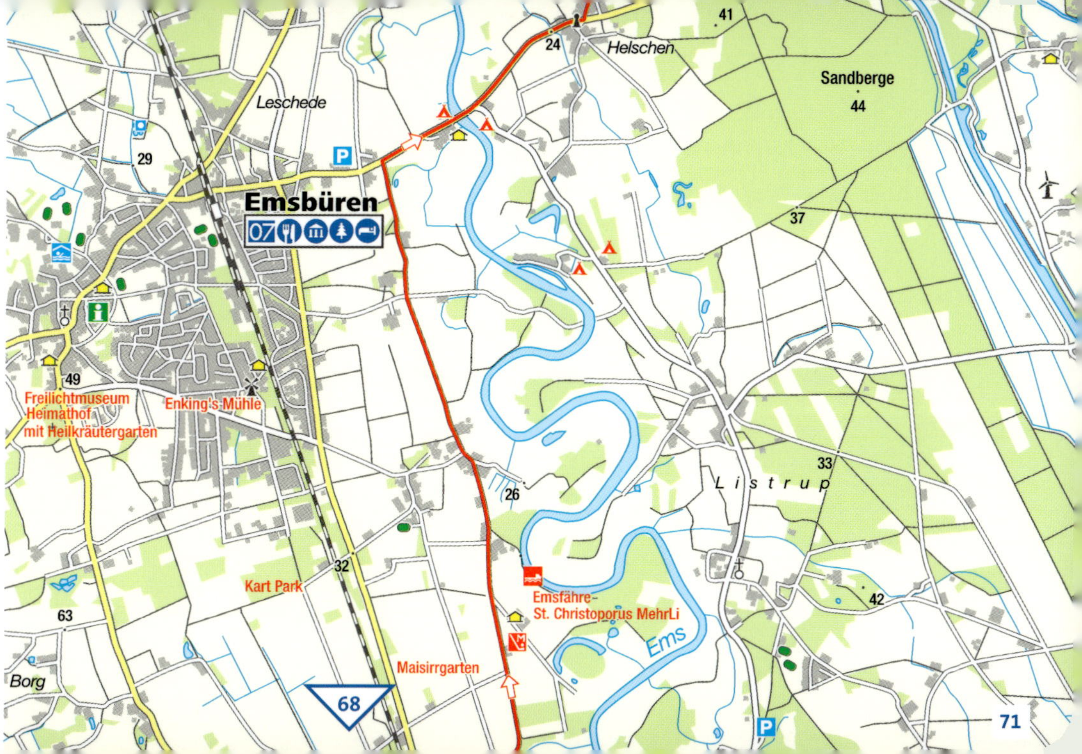

Swingolf ist eine Golfsportvariante mit vereinfachtem Regelwerk und geringeren Ausstattungsanforderungen.

Emsbüren – Lingen / 20 km / 2:00 Std.

Der Radweg folgt der Zufahrt „Mehringen" nordwärts durch die Wiesen und mündet auf Höhe des Bahnhofsdorfs Leschede in die Emsstraße: rechts über die Ems und die erste links (Am grünen Revier) zum Naherholungsgebiet **Gleesener Schleuse** 08. Hier wechselt der Radweg ans Ostufer des Dortmund-Ems-Kanals, überquert die Mündung der Großen Aa und erreicht gleich darauf eine Schutzhütte, an der er sich landeinwärts wendet und dann links der Niederdamer Straße zwischen dem Kernkraftwerk Emsland, dessen endgültige Abschaltung für 2020 vorgesehen ist, und dem Benteler Stahlwerk zur Eisenbahnlinie folgt. Vor der Bahnlinie geht es links zurück zum Kanal, wo das Café Alte Schleuse zur

Rast einlädt mit Blick auf das Hotel Am Wasserfall in **Hanekenfähr** 09, wo die Ems den Kanal wieder verlässt.

Der Emsradweg überquert den Dortmund-Ems-Kanal, folgt kurz dem Ems-Vechte-Kanal auf der Straße, überquert den Ems-Vechte-Kanal auf der ersten Brücke und führt am Landgasthof „Bösker" vorbei zurück zur Ems, bald auf einem autofreien Weg im Wald. Die erste Straßenbrücke ist die Alexanderbrücke, benannt nach Sankt Alexander von Rom († 165), dessen Reliquien ein Enkel des Freiheitskämpfers Widukind 851 nach Wildeshausen an der Hunte gebracht haben soll.

Nach Unterqueren der Alexanderbrücke geht es die Schneckenauffahrt zur Brücke hinauf und über die Ems auf den Dortmund-Ems-Kanal zu: Der Emsradweg wechselt ans linke Ufer des Kanals und folgt ihm ins Stadtzentrum von **Lingen** 10 **Ziel**.

AUSFLUGSZIELE / SEHENSWÜRDIGKEITEN & EINKEHRTIPPS

Bockholter Emsfähre 02
Die Bockholter Emsfähre verbindet den Rheiner Ortsteil Elte auf der rechten Seite der Ems mit dem Emsdetter Ortsteil Isendorf. Fährmann Bernd Poll lässt die Fähre am 1. Mai zu Wasser und rudert bis zum 1. Oktober mit Muskelkraft Radler und Wanderer vom Ausflugsgasthof „Bockholter Emsfähre" ans gegenüberliegende Ufer und umgekehrt: Samstags, sonntags und an Feiertagen rudert Poll von 11 bis 18 Uhr, mittwochs von 14 bis 18 Uhr. Die Geschichte der Bockholter Emsfähre ist schon uralt, das Fährrecht besteht für die Familie des Landwirts an dieser Stelle schon seit rund 300 Jahren. Früher übernahm immer der Hofmelker die Aufgabe, Touristen hin und her zu rudern.

Gellendorf 03
Der bereits im Jahr 900 schriftlich erwähnte Rheiner Ortsteil Gellendorf war schon in vorgeschichtlicher Zeit besiedelt, wie zahlreiche Hügelgräber belegen. Die mittelalterlichen Höfe wurden auf Anhöhen errichtet, um von den alljährlichen Überschwemmungen der Ems verschont zu bleiben. Die Nationalsozialisten errichteten in diesem idyllischen Land einen Truppenübungsplatz und eine Kaserne und ließen endlose Wälder abholzen; an der Stelle der Kaserne ist die Gartenstadt Gellendorf entstanden.

Rheine 04
Rheine ist die zweitgrößte Stadt im Münsterland und eine bedeutende Wasserwander-Destination an Ems und Dortmund-Ems-Kanal sowie Ausgangspunkt des Hermannswegs, des Kammwanderwegs des Teutoburger Waldes. Rheine liegt an einem seit vorgeschichtlicher Zeit bedeutenden Emsübergang am Kreuzungspunkt alter Handelsstraßen von Westfalen zur Nordsee und in die Niederlande.

Emspromenade in Rheine.

Am historischen Marktplatz ragt zwischen Fachwerkhäusern des 17.–19. Jh. der Turm der spätgotischen **Dionysiuskirche** auf, einer reich ausgestatteten Rundpfeilerhalle, die auf diesem Hügel links der Ems ursprünglich um 800 gegründet worden war.

NaturZoo Der NaturZoo Rheine liegt in unmittelbarer Nachbarschaft von Schloss Bentlage und Saline Gottesgabe. In ihm leben rund 1000 Tiere einhundert verschiedener Arten, darunter im begehbaren Affenwald rund 30 Berberaffen.

Bentlage 05
Das von alten Alleen und Laubwäldern umgebene Kloster-Schloss Bentlage nördlich von Rheine links der Ems ist das besterhaltene gotische Konventsgebäude eines ländlichen Klosters in Westfalen. Das 1437 gegründete Kreuzherrenkloster diente nach der Aufhe-

bung 1803 vorübergehend als Residenz (bis 1806) des Herzogs von Looz-Corswarem in der Funktion als Fürst von Rheina-Wolbeck, dieser ließ die Klosterkirche und den Südflügel abbrechen. Die unter Wahrung aller Bauspuren von Gotik über Barock bis zum Klassizismus restaurierten Gebäude fungieren heute als kulturelle Begegnungsstätte und beherbergen das Klostermuseum (in der Kapelle) mit bedeutenden spätgotischen Skulpturen sowie den Sitz und die Bibliothek der Europäischen Märchengesellschaft und ein Café.

Museum Das Museum im Ostflügel des Klosters dokumentiert die Kunst- und Kulturgeschichte Westfalens seit dem Mittelalter. Im Erdgeschoss werden Kunstwerke und Dokumente aus dem ehemaligen Kreuzherrenkloster und späteren Schloss gezeigt. Zu den Glanzstücken zählen zwei spätmittelalterliche Reliquienschreine.

Märchenbibliothek Das ehemalige Kloster und Schloss ist unter anderem Sitz der Europäischen Märchengesellschaft und beherbergt die Bibliothek dieser Vereinigung, die sich der Aufgabe widmet, die Volksmärchen zu bewahren und neu ins Bewusstsein zu heben.

Salzbergen 06

Salzbergen an der Ems ist ein bedeutender Standort von Betrieben der Windkraft-, chemisch-pharmazeutischen, Maschinenbau- und Textilindustrie. Wirtschaftliche Bedeutung erlangte das Kirchdorf während der industriellen Revolution als Eisenbahnknotenpunkt, am Bahnhof Salzbergen zweigt von der Emslandstrecke die grenzüberschreitende Bahnstrecke via Bad Bentheim ins niederländische Almelo ab. Die Raffinerie Salzbergen wurde 1860 als Ölraffinerie gegründet, produziert heute als chemisch-pharmazeutische Spezielraffinerie weiterhin am gleichen Standort und ist die älteste noch produzierende Raffinerie der Welt; unter dem Namen H&R ChemPharm stellt das SDAX-Unternehmen Druckfarbenöle für Zeitungen, Paraffine für die Kosmetikindustrie, Grundöle sowie technische und medizinische Weißöle her. Das Wappen von Salzbergen zeigt drei Tropfen als Hinweis auf die traditionsreiche Ölverarbeitung sowie drei Salzberge, die auf das Salzvorkommen hinweisen. Nahe des Bahnhofs steht am Kirchenplatz die neugotische Cyriakuskirche.

Denkmallokomotive Vor dem Bahnhof Salzbergen steht als Denkmal die letzte außerdienstgestellte Dampflok 043 196-5 der Deutschen Bundesbahn. Sie wurde 1942 bei Krupp in Essen gebaut und fuhr zuletzt 1977 auf der Strecke Emden–Rheine.

Emsbüren 07

Emsbüren ist ein 1400 Jahre altes Kirchdorf im südlichen Emsland. Die Andreaskirche ist eine gotische dreischiffige Hallenkirche mit einem 78 m hohen Turm, der über 204 Stufen zu erreichen ist und als Aussichtsturm fungiert.

Freilichtmuseum und Kräutergarten Das Freilichtmuseum Heimathof Emsbüren befindet sich am südlichen Ortsrand auf dem Galgenberg. Wo früher Mörder ihrer Strafe zugeführt wurden, stehen heute acht original wiederaufgebaute Fachwerkhäuser, die mit alten bäuerlichen Geräten eingerichtet wurden. Sie spiegeln ein Stück der für diesen Landstrich typischen Heimatgeschichte wieder. Das Haupthaus aus dem Jahre 1766 wurde 1834 um zwei Gefache erweitert. In diesem Gebäude ist die Wohnsituation der damaligen Landbevölkerung zu sehen. Der Heilkräutergarten am südlichen Hang des Galgenbergs umfasst ein 2.000 m^2 großes Gelände mit 200 verschiedenen Heilpflanzen, Sträuchern und Bäumen.

Hünenburg Die Emsbürener Hünenburg im Ortsteil Berge (An der Hünenburg) ist eine Rundwallanlage, deren Alter und ehemalige Funktion nicht genau zu bestimmen ist. Möglicherweise fungierte sie als Fliehburg zum Schutze vor den Normannen, deren räuberische Horden emsaufwärts bis nach Emsbüren segelten.

Mehringer Steine Die Mehringer Steine sind drei nahe beieinander liegende neolithische Ganggräber aus der Zeit zwischen 3500 und 2800 v. Chr. Die Megalithanlagen der Trichterbecherkultur befinden sich etwa einen Kilometer südwestlich des Ortsteils Mehringen an der Kreisstraße von Emsbüren nach Süden (Mehringer Straße). Nach einem Bericht von 1928 waren alle drei Anlagen von Einfassungen umgeben, seither wurden mehrere Steine vom Teufel geholt, sodass die Anlagen nur noch unvollständig erhalten sind.

Gleesen 08

Gleesen ist ein Ortsteil der Gemeinde Emsbüren am Naherholungsgebiet Gleesener Schleuse am Dortmund-Ems-Kanal und an der Ems. Der aus wenigen Häusern bestehende Ort liegt zwischen Ems und Dortmund-Ems-Kanal. An der Emsschleife befindet sich ein Yachthafen, an der Gleesener Schleuse der Gasthof „Gleesener Schleuse" und der Campingplatz „Gleesener Schleuse".

Im Ort bietet **„Querdels Hof"** an der Hauptstr. 2 im Hofcafé köstliche Jahreszeitspeisen an; der Hof verfügt auch über ein Gästehaus (www.querdel.de).

Schleuse Gleesen Die 1914 erbaute Schleuse Gleesen bei Km 137,90 befindet sich an einer Schlüsselstelle des Dortmund-Ems-Kanals. Hier münden sowohl die Speller Aa als auch vorübergehend die Ems in den Kanal. Östlich davon verläuft die (nicht ausgebaute) Trasse des Seitenkanals Gleesen-Papenburg, der als Neue Fahrt geplant war; zu Beginn des 2. Weltkriegs wurde der Bau dieses „Hitler-Kanals" aufgegeben.

Hanekenfähr 09

Hanekenfähr an Ems, Dortmund-Ems-Kanal und Ems-Vechte-Kanal ist das südlichste Naherholungsgebiet von Lingen. In Hanekenfähr verlässt die Ems den Dortmund-Ems-Kanal, mit dem sie sich an der Schleuse Gleesen für einen kurzen Abschnitt vereinigt hat. Die Ems wird kurz nach Verlassen des Dortmund-Ems-Kanals durch ein Wehr aufgestaut, damit eine konstante Wasserhöhe im Kanal gewährleistet ist. Die Stelle, an der die Ems über das Wehr gischtet, wird als Emswasserfall bezeichnet. Auf der Landzunge zwischen Ems und Dortmund-Ems-Kanal befinden sich das Hotel Am Wasserfall, ein Campingplatz und eine Ferienhaussiedlung. In unmittelbarer Nähe zu Hanekenfähr liegt das Industriegebiet Lingen-Süd, in dem unter anderem das Kernkraftwerk Emsland, das Elektrostahlwerk Benteler, das Chemiewerk Baerlocher und einige andere Industrieanlagen angesiedelt sind. Darüber hinaus beginnt in Hanekenfähr der Ems-Vechte-Kanal, der große Bedeutung für die Freizeitschifffahrt hat, weshalb es rund um Hanekenfähr mehrere Yachthäfen gibt.

Lingen 10

Lingen ist die größte Stadt im Emsland. Der Marktplatz ist das Herz der historischen Altstadt von Lingen, das an einem alten Emsübergang an der Straße von Bremen in die Niederlande entstand und 1306 die Stadtrechte erhielt. Die gesamte Altstadt mit Marktplatz, Looken-, Marien-, Burg-, und Großer Straße sowie dem Universitätsplatz ist als Fußgängerzone ausgewiesen. Die Altstadt wurde nach dem verheerenden Stadtbrand von 1548 errichtet, das historische Rathaus (1555) mit Treppengiebel (1663) ist ein Wahrzeichen der Stadt, die 1597 von den Vereinigten Niederlanden erobert wurde und 1702 an Deutschland (Preußen) fiel. Die Alte Posthalterei, ein zweigeschossiges Fachwerkhaus mit Walmdach, fungierte am Marktplatz 1653–1851 als Lingens Poststelle und beherbergt heute eine Gaststätte. Das Giebelhaus der Kivelinge (1583) am Marktplatz ist das älteste Bürgerhaus Lingens. Das Café am Markt 20 befindet sich im Haus der Eltern des Volksschauspielers Theo Lingen, der seinen Künstlernamen nach der Stadt an der Ems wählte. Östlich des Marktplatzes liegt der Universitätsplatz mit dem Universitätsgebäude (1680, heute Kunstschule des Kunstvereins Lingen), dem Professorenhaus (1685; heute Theaterpädagogisches Zentrum) und der barocken lutherischen Kreuzkirche, die 1888 im neuromanischen Stil erweitert wurde. Als schönste Straße Lingens gilt die vom Marktplatz abgehende Burgstraße. Wegen seiner jahrzehntelangen Zugehörigkeit zu den Vereinigten Niederlanden und der zahlreichen Bauwerke aus dieser Zeit liegt Lingen auch am Radfernweg Oranierroute.

Tourismusinformation siehe ab S. 134
Übernachtungsverzeichnis siehe ab S. 136

Etappe 05 Lingen – Meppen – Haren

Idyllische Auenlandschaften im Herzen des Emslandes

57 km	5:10 Std.	3 hm	15 hm

GPS-Koordinaten / Start
UTM x: 385.400 m
Zone 32 y: 5.819.540 m

Startort: Lingen, 24 m

Start: Westlicher Dortmund-Ems-Kanal-Uferweg an der Lindenbrücke nahe der Emsland-arena und des Alten Hafens; der Bahnhof Lingen/Ems an der Bernd-Rosemeyer-Straße 18 befindet sich 3 Fahrradminuten entfernt

Ziel: Haren, 11 m

Charakter: Leichte Grünland-, Wald- und Wiesenfahrt in der Hauptwindrichtung

Verkehr: Überwiegend für den öffentlichen Verkehr gesperrte Wirtschaftswege sowie verkehrsarme Nebenstraßen

Tipp: Lingen, Meppen und Haren liegen alle an der Emsland-Express-Strecke, sodass die Rückkehr mit der Bahn problemlos möglich ist.

Ausflugsziele / Sehenswürdigkeiten & Einkehrtipps siehe S. 92/93

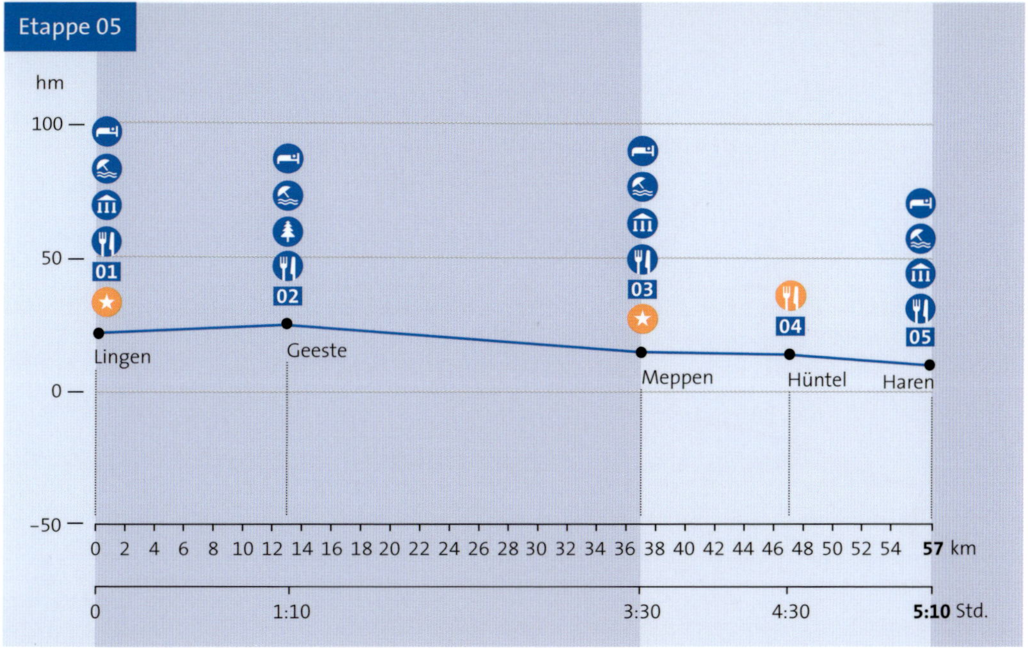

Die südliche Emsland-Etappe besticht durch naturnahe Wege im Wechsel von Gehölzen, Ems-Altarmen und aussichtsreichem Wiesenland, ein natürlicher Glanzpunkt ist die Hudewaldlandschaft des Naturschutzgebiets Borkener Paradies bei der Emsland-Hauptstadt Meppen, wo sich Ems und Dortmund-Ems-Kanal vorübergehend vereinigen.

Lingen – Meppen / 37 km / 3:30 Std.

Start Von der Lindenbrücke in **Lingen** 01 folgt der Emsradweg dem Westufer des Dortmund-Ems-Kanals am Emslandstadion vorbei nordwärts und verlässt den Kanal direkt nach Unterqueren der ersten Straßenbrücke: schräg links hinauf und auf dem Horstweg durch Wälder und Feldfluren zum Gelände des Golfclubs Emstal in Altenlingen. Hier wechselt der Radweg kurz auf die Dalumer Straße, verlässt sie gleich wieder rechts und

Etappe 05
Dalum
Holte
Speicherbecken
Geeste
85
Biener-
feld
Biener See
BIENE
Kottheide
21
17
22
21
19
28
Teglinger Bach
Kanal
Ems-
Erdöl-
raffinerie
HOLTHAUSEN
WACHENDORF
25
22
70
Ems
BRÖGBERN

BRÖGBERN
ALTENLINGEN
DAMASCHKE
Dieksee
Stadtplan S. 77
LINGEN (Ems)
Nordlohne
Emslandmuseum Lingen
Wohnpark Gauerbach
Rheitlage
Linus Lingen Wasserwelten
Kunsthalle
LAXTEN
Mühlenberg
Start
RAMSE
Lohne
SCHEPSDORF
Ems
Dortmund
213
214
70

folgt den Emsschleifen in naturnaher Auenfahrt zur Emsbrücke von **Geeste** 02, wo er ans linke Ufer wechselt und teils in den Auen, teils durch ländlich geprägte Dörfer der Gemeinde Geeste nach **Meppen** 03 am Zusammenfluss von Dortmund-Ems-Kanal und Ems führt.

Meppen – Haren / 20 km / 1:40 Std.

Von der Mündung folgt der Emsradweg dem linken Uferweg des Dortmund-Ems-Kanals am Esterfelder Forst vorbei, bis der erste Emsaltarm links abzweigt, bald scheinbar die Ems links verlässt und dann die von Teichrosen malerisch bedeckte Alte Ems auf einer Landverbindung beim ehemaligen Versener Wehr durchquert – hier finden sich lauschige Plätze für eine Rast unter alten Bäumen. Gleich darauf beginnt bei einer Informations- und Raststelle der Weg (Abstecher) in das **Naturschutzgebiet Borkener Paradies**, einer Hudelandschaft, wie sie noch um 1900 vielfach im Emsland zu finden war: Mehrhundertjährige Buchen, Auenwald- und Weidebereiche, Verlandungszonen, offene Dünen sowie Magerrasen auf sandigen nährstoffarmen Böden wechseln sich ab. Das Gebiet wird von

Emsaltarm bei Meppen.

Rindern und Pferden wie vor über 100 Jahren beweidet, als jedes Mitglied der Markengemeinde eine bestimmte Anzahl Vieh auf diesem „Allmendegebiet“ weiden lassen konnte. Spazierwege führen zwischen knorrigen Buchen, Eichenwäldern und Schlehenbüschen durch das Borkener Paradies.

Der Emsradweg führt am Naturschutzgebiet entlang, überquert ein Verbindungsstück zwischen Alter Ems und Dortmund-Ems-Kanal (Raststelle), leitet durch das kleine Dorf Holthausen und zurück zum Dortmund-Ems-Kanal. Nach Überqueren des Kanals auf der ersten Brücke in **Hüntel** **04** geht es kurz am Kanal links weiter zur Hünteler Schleuse; hier überquert der Emsradweg erneut den Kanal und führt, begleitet von botanischen Lehrtafeln, durch eine wunderschöne Feld-, Wiesen- und Gehölzelandschaft, in der Naturidylle lädt eine Schutzhütte zur Rast ein, dann erfolgt auf dem Püntkers Patt längs des Harener

84
87
Etappe 05
Hakengraben
Schwefingen
Teglingen
Haar
Klein Hesepe
Korde
Heseper
Torfwerk
Varloh
Ems
Dortmund-
Ems-
Kanal
Harpener Schloot
70
22
Emsland-

Emsland-
Moormuseum
Groß Hesepe
30
Harpe
O s t e r -
18
31
Geester Sturzbach
b r o c k
Dalumer Rull
Geeste
02
Siedlung
Ems
19
29
18
Erdölraffinerie
23 Geeste
Dalum
Holte
Speicherbecken
Geeste
Biener-
80

91
Holthausen
Abbemühlen
Hemsen
14
13
26
70
15
28
11
12
Borken
E233
402
Neu
13
Ems
17
Hasetal-Express
Versen
Versen
34
Nordradde
Auf dem
Marsch
Auf
Tuntel
402
E233
15
Heide
Bokeloh
ESTERFELD
18
Groß
NEUSTADT

MEPPEN
03
ALTSTADT
NEUSTADT
Stadtplan S. 83
Stadtmuseum
Kunst-
zentrum
Wittekinds-
burg
Wekenborg
Kollhof
Hase
Ems
FELDKAMP
HELTER
DAMM
KUHWEIDE
NÖDIKE
SCHLEUSENGRUPPE
Hun-
feld
Straße der Megalithkultur
Groß
Fullen
Klein
Fullen
Rühle
Rühlerfeld
Haar
Teglingen
70
84
87
9
13
14
15
16
17
18
19
24

Radexpress MS Amisia

Das Ausflugsschiff MS Amisia bietet vom Heimathafen Haren an der Ems eine Vielzahl von Fahrten auf dem Dortmund-Ems-Kanal und der Ems mit ihren naturbelassenen Altarmen an; Amisia ist die lateinische Bezeichnung der Ems. Ein besonderes Highlight ist der Radexpress, die Kombination einer idyllischen Radtour entlang der Ems und einer komfortablen Schiffsfahrt: Mit dem Rad an Bord geht es nach Lathen, Papenburg oder Meppen und jeweils auf dem Emsradweg oder der kürzen Radroute Dortmund-Ems-Kanal zurück in die Emsschifferstadt Haren. Die MS Amisia wurde 1968 in Hamburg gebaut, sie verfügt über 140 überdachte Sitzplätze auf zwei Etagen sowie über ein großes Sonnendeck.

Info und Fahrpläne: www.amisia.de

Südlich von Haren.

Pünten – Lastschiffe und Fahrradfähren

Pünten waren einmastige, für den Tiertransport geeignete Lastschiffe auf der Ems. Heutige Pünten sind per Muskelkraft bewegte Fahrradfähren, die an einem Seil verankert sind.

Schifffahrt: Zentren der historischen Püntenschifffahrt waren Haren im Emsland sowie Leer in Ostfriesland an der Mündung der Leda in die Ems. Die Emspünte im Wappen von Greven nimmt Bezug darauf, dass der Marktort lange Zeit der obere Endpunkt der Püntenschifffahrt war. Die Fahrzeuge hatten eine Verdrängung von bis zu 120 t bei Längen von 17–28 m, 4–5 m Breite und 1,5–2 m Seitenhöhe. In geringer Anzahl wurden an der Ems auch größere Spitzpünten als Ein- oder Anderthalbmaster gebaut, bei denen der flache Boden in einen spitzen Bug wie bei der kleineren Spitzmutte überging. Um 1900 waren noch über 100 Emspünten in Fahrt, die letzte wurde in den 1930er Jahren gebaut.

Fahrradpünten: Die älteste noch in Betrieb befindliche handgezogene Pünte Mitteleuropas bringt Radler und Wanderer in Wiltshausen bei Leer über die Jümme an der Mündung in die Leda. Seilgebundene Emsfähren für Wanderer und Radler sind die Leher Pünte, die Emsbürener Emsfähre und die Bockholter Emsfähre. Neben diesen Fähren mit Fährmann gibt es auch Pünten, die die Radwanderer mit eigener Kraft bedienen müssen. Ein unrühmliches Beispiel ist die Pünte von Bartshausen, die extrem schwer zu kurbeln und zudem häufig defekt ist. Am Drei-Meere-Radweg in Ostfriesland helfen zwei moderne Pünten über Wasserläufe: Bei der einen müssen Radwanderer selbst die Kurbel betätigen, in der zweiten kurbelt ein Püntker, der sich über Mithilfe seiner Passagiere freut.

Yachthafens der Schlussspurt zur Schleuse an der Mündung des Haren-Rütenbrock-Kanals und zum Anleger des Ausflugsschiffs „Amisia“ in der Schifferstadt **Haren** 05.

Der Haren-Rütenbrock-Kanal ist die vor allem von Sportbooten und Wasserwanderern genutzte Verbindung zum niederländischen Kanalnetz; wenige Meter kanalaufwärts ankern die Museumsschiffe des Schifffahrtsmuseums.

Ems bei Haren.

Etappe 05
Haren (Ems) 19
Harenerberg
11
EMEN
17
15
408
31
8
9
70
RAKEN
26
TINNEN
Ems
HAREN (Ems)
05
32
17
Schloss Topas
Dankernsee
Ferienzentrum Schloss Dankern
BAHNHOF HAREN
Ziel
Neppen-kamp
EMMELN
408
Neue Düne
ALTHAREN
11
Düneburg
Krüssel
21
23
Eurohafen Emsland-Mitte

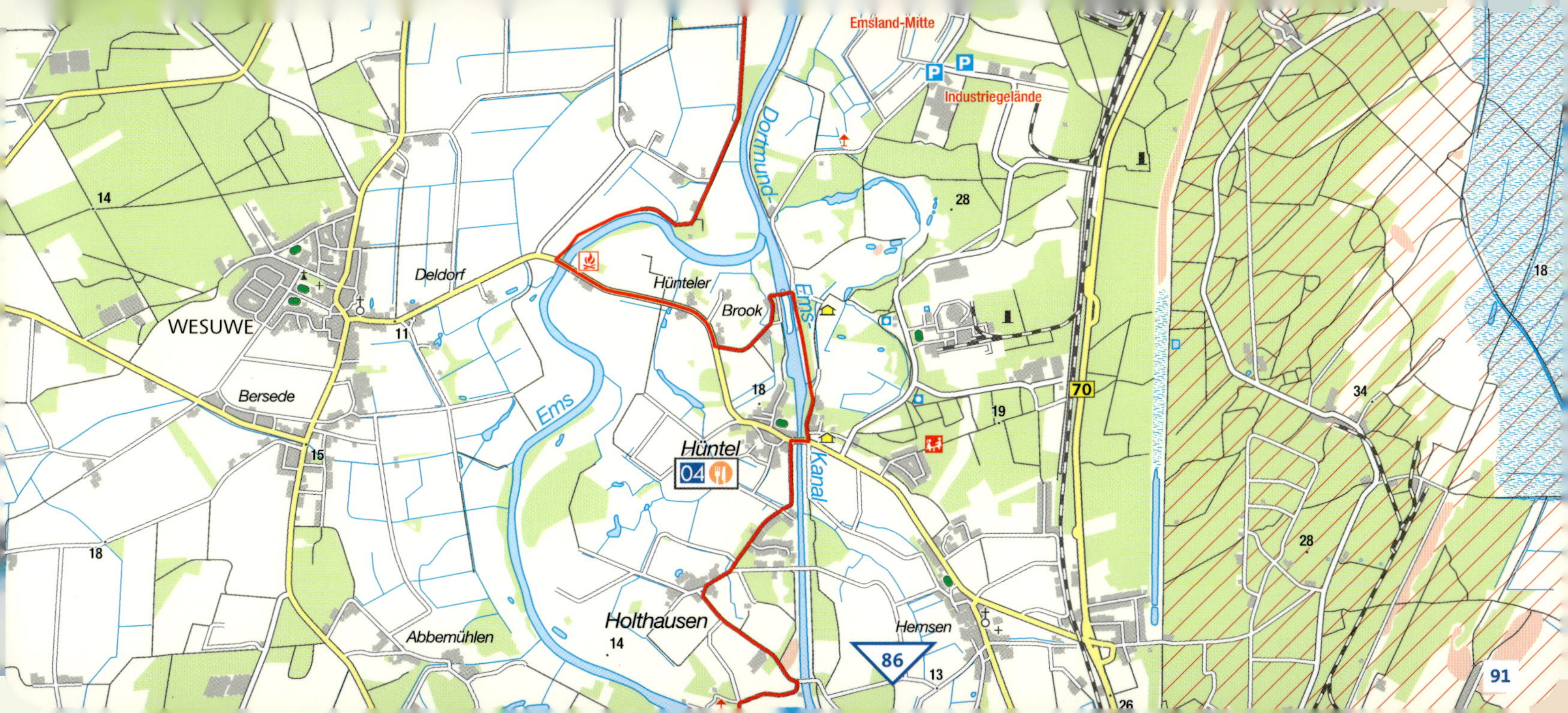

Emsland-Mitte
Industriegelände
WESUWE
Deldorf
Hünteler
Brook
Dortmund-
Ems-
Kanal
Ems
Bersede
Hüntel
04
Holthausen
Abbemühlen
Hemsen
86
70
14
11
15
18
28
19
34
13
26

AUSFLUGSZIELE / SEHENSWÜRDIGKEITEN & EINKEHRTIPPS

Geeste 02

Gemeinde am Geester See im Emsland, Bahnhof am Emsland-Express Münster – Emden. Der **Geester See** zwischen Lingen und Meppen ist ein Wassersportrevier mit Sandstrand, Bade-, Segel-, Tauch- und Surfmöglichkeiten, Spielplätzen und Gastronomie sowie der Ferienhausanlage „Emspark-Auenwald", Fahrradwegen und einem 16 km langen Rundwanderweg. Der Yachthafen mit 190 Liegeplätzen bietet die Möglichkeit, mit eigenem oder geliehenem Boot in See zu stechen. Das die Landschaft 15 m überragende Speicherbecken wurde als Kühlwasserbecken für das Kernkraftwerk Emsland errichtet, das 1988 den Betrieb aufnahm. Der „**Biotopteich**" nördlich des Geester Sees steht unter Naturschutz.

Meppen 03

Die Emsland-Kreisstadt Meppen liegt an der Mündung der Hase in den Dortmund-Ems-Kanal, mit dem sie sich unterhalb der Altstadt mit der Ems vereinigt. Wahrzeichen der Altstadt zwischen Ems und Kanal ist das historische Rathaus, das Untergeschoss (1408) wurde aus Findlingen errichtet, 1605 erhielt der Bau seine heutige Gestalt mit der offenen Laube. Die Propsteikirche Sankt Vitus wird bereits 834 „basilika" genannt und war eine Keimzelle bei der Christianisierung des Emslandes; der heutige Bau ist eine dreischiffige spätgotische Hallenkirche. In den zur Parkanlage umgestalteten Stadtwällen, die die Altstadt noch fast ganz umgeben, ist der Grundriss der Festung Meppen aus dem Dreißigjährigen Krieg erhalten.

Hasemündung Der Dortmund-Ems-Kanal wird von der Einmündung der Hase bis zur Mündung in die Ems zugleich als „Hase" bezeichnet, d. h. die letzten 700 m des Flusses Hase führen als Bundeswasserstraße durch den Kanal. Rechts liegt das Wasser- und Schifffahrtsamt vor der Alten Hase, die kurz vor der Hasestraßenbrücke, der ersten Straßenbrücke, abzweigt. Hinter der Brücke vereinigen sich Hase, Ems und Dortmund-Ems-Kanal vor dem Großparkplatz Püntkers Pütt im Norden der Altstadt von Meppen.

Höltingmühle Die Höltingmühle am Nachtigallenwäldchen auf der Landzunge zwischen Dortmund-Ems-Kanal und Hasemündung ist ein Wallholländer, der im 19. Jh. in Bockhorn an der Friesischen Wehde erbaut und 1960 nach Meppen umgesetzt wurde. Die Windrose sorgt automatisch dafür, dass sich die Mühlenkappe in den Wind dreht. In der Mühle befindet sich ein Café.

Archäologie des Emslandes Das Ausstellungszentrum für die Archäologie des Emslandes dokumentiert als archäologisches Museum die Kulturgeschichte der Region Emsland von der Steinzeit bis in das Mittelalter. Das Museum befindet sich An der Koppelschleuse 19 nahe der Koppelschleuse, einer historischen Hase-Schleuse, die 1826–1830 erbaut wurde.

Hüntel 04

Nördlicher Ortsteil von Meppen mit Schleuse am Dortmund-Ems-Kanal. Das 300-Seelen-Dorf Hüntel ist überregional bekannt durch den Freizeitpark Funpark Meppen auf dem Gelände des im Jahr 2000 stillgelegten Gaskraftwerks Hüntel. Auf dem 131 m hohen Kühlturm hat der Schweizer Künstler Christoph Rihs die laut Guinness-Buch der Rekorde größte Weltkarte gemalt.

Das reetgedeckte **Landhaus Hubertushof** am Kuhfehnweg 12 (www.landhaus-hubertushof.de) ist eine gediegene Einkehrmöglichkeit, die sich zu einem beliebten Treffpunkt für Radler, Wanderer und Nordic-WalkerInnen entwickelt hat.

Haren 05

Haren ist Hafenstadt und staatlich anerkannter Erholungsort an Ems und Dortmund-Ems-Kanal. Wahrzeichen ist der als Emslanddom bezeichnete neubarocke Kuppelbau der Kirche Sankt Martinus (1911). 1.200 Menschen finden in dem 58 m langen Gotteshaus Platz, die Kuppel ist ca. 55 m hoch. Auf dem Friedhof erinnert ein Denkmal an die auf See gebliebenen Schiffer Harens. Der 854 als Haupthof des Klosters Corvey erstmals schriftlich erwähnte Ort war ab dem 17. Jh. ein Mittelpunkt der Püntenschifffahrt auf der Ems (Schifffahrtsmuseum) und ist heute noch Hafen von 200 Schiffen; südlich der Stadt befindet sich am Dortmund-Ems-Kanal der zusammen mit der Nachbarstadt Meppen betriebene Eurohafen Emsland.

Schifffahrtsmuseum Das Harener Schifffahrtsmuseum ist ein Freilichtmuseum am linksemsischen Haren-Rütenbrock-Kanal. Die Spitzpünte „Helene" ist ein Nachbau des legendären Schiffs, das um 1900 fünfmal den Atlantik nach Brasilien überquerte. Die Emspünte „Haren I" ist der Nachbau einer typischen Harener Pünte, mit der vom Mittelalter bis zum Ersten Weltkrieg Handel zwischen Ostfriesland und dem Münsterland betrieben wurde. Aus dem Jahr 1910 stammt der Schleppdampfer „August". In den Schiffen sind die unterschiedlichsten Ausstattungsstücke und Modelle zu bewundern, vom nautische Instrumentalmuseum in der „Helene" bis zur Nachbildung eines alten Schleusenladens auf dem Schlepper „August".

Am Eingang des Naturschutzgebiets Borkener Paradies.

Eurohafen Der Eurohafen Emsland wurde 2007 als Stichhafen zum Dortmund-Ems-Kanal angelegt. Der Binnenhafen wurde in interkommunaler Zusammenarbeit zwischen Meppen und Haren errichtet und an das gemeinschaftliche Industriegebiet zwischen den Ortsteilen Meppen-Hüntel und Haren-Emmeln angeschlossen.

Schloss Dankern Das Wasserschloss Dankern westlich von Haren ist ein Ferien- und Freizeitzentrum am Dankernsee, einem Bade- und Wassersportsee mit kilometerlangem Sandstrand. Ferienhäuser in unterschiedlicher Ausstattung ermöglichen Familien einen erholsamen Aufenthalt, das Freizeitgelände ist auch für Tagesbesucher zugänglich. Kernstück des 200 ha großen Geländes ist das 1680 erbaute Wasserschloss.
Info: Ferienzentrum Schloss Dankern, 49733 Haren (Ems), Tel. 05932/72230, www.schloss-dankern.de

Tourismusinformation siehe ab S. 134
Übernachtungsverzeichnis siehe ab S. 136

Etappe 06 Haren – Lathen – Papenburg

Auenlandschaften im nördlichen Emsland

51 km	5:00 Std.	5 hm	14 hm		GPS-Koordinaten / Start UTM Zone 32 x: 381.780 m y: 5.850.360 m

Startort: Haren, 11 m
Start: Anleger des Ausflugsschiffs „Amisia" an der Schleusenstraße; der Bahnhof Haren an der Bahnhofstraße liegt außerorts etwa 10 Fahrradminuten entfernt
Ziel: Papenburg, 6 m
Charakter: Leichte Grünland- und Waldfahrt in der Hauptwindrichtung im Wechsel von Passagen längs der Emsaltarme und des Dortmund-Ems-Kanals
Verkehr: Überwiegend für den öffentlichen Verkehr gesperrte Wirtschaftswege sowie verkehrsarme Nebenstraßen

Tipp: Haren, Lathen und Papenburg liegen an der Emsland-Express-Strecke, sodass die Rückkehr mit der Bahn problemlos möglich ist. Mit der MS Amisia besteht die Möglichkeit einer Kombination aus Schiffsfahrt und Radtour (siehe Seite 88).

Ausflugsziele / Sehenswürdigkeiten & Einkehrtipps siehe S. 106–109

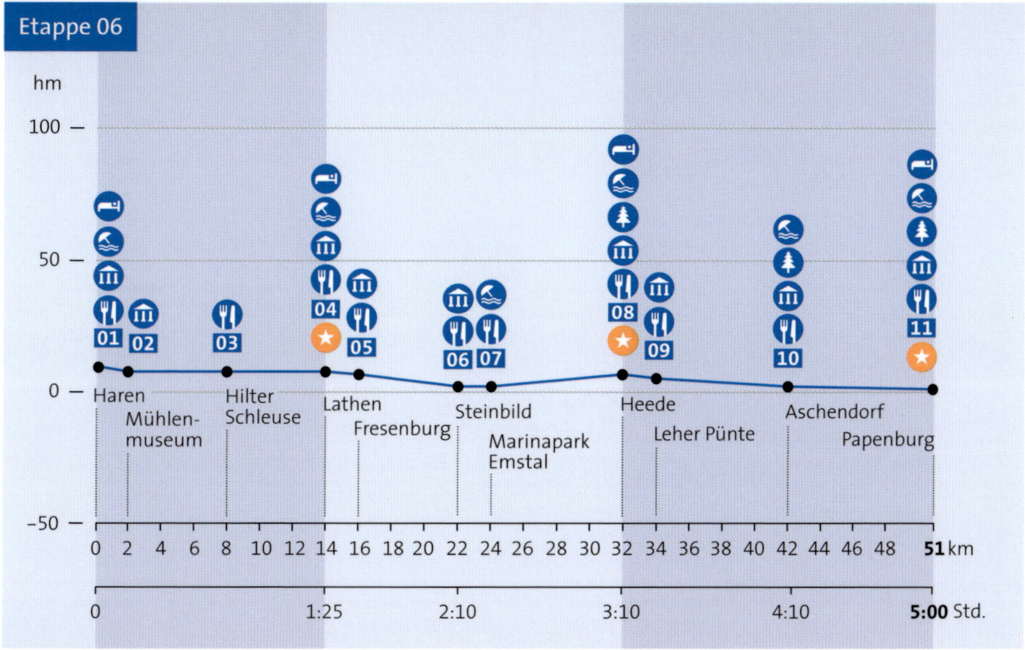

Haren – Lathen / 14 km / 1:25 Std.

Start Vom Anleger des Ausflugsschiffs MS Amisia in der Schifferstadt **Haren** 01 folgt der Emsradweg dem Dortmund-Ems-Kanal nordwärts auf der Schleusen- und der Hafenstraße zum Alten Hafen, der heute als Yachthafen genutzt wird. An den Alten Hafen schließt der Neue Hafen an, von dessen innerem Ende der Bockholter Weg zur Zeppelinstraße überleitet: Zeppelinstraße links und an der Kreuzung vor dem **Mühlenmuseum** 02 rechts längs der Landstraße. Wenn die Landstraße zum zweiten Mal auf eine Emsschleife zuhält, verlässt der Radweg die Straße bei Schöpfwerk und Mahlbusen scharf rechts, folgt vom Vogelbeobachtungsturm an der Ems dem Fluss kurz aufwärts zum Campingplatz, überquert die Ems auf dem Wehr und führt über die **Hilter-Insel** zur **Hilter Schleuse** 03 mit der gleichnamigen Gaststätte am Dortmund-Ems-

Etappe 06
101
Lathen
04
Niederlangen
Oberlangen
Ems
11
8
8
21
15
31
12
Hengstberge
31
Hilter-
Insel
Hilter Schleuse
03
Hilterberg
34
38
Versuchsanlage
Magnetschwebebahn
Transrapid

LANDEGGE
Burg-
kapelle
EMEN
RAKEN
HAREN(Ems)
Ems
Mühlen-
museum
02
01
Schloss
Topas
Start
Neppen-
kamp
ALTHAREN
Neue
EMMELN
BAHNHOF
HAREN
TINNEN
Nösterberg
Hengstberg
Hilterberg
Magnetschwebebahn
Transrapid
408
70

Kanal. Die in die Jahre gekommene Schleuse sollte wie die anderen Schleusen am Dortmund-Ems-Kanal saniert werden, doch sie wurde unter Denkmalschutz gestellt. Bis der Interessenkonflikt gelöst ist, können nur Fahrzeuge bis zu 12 t über die Brücke auf die zur Samtgemeinde Lathen gehörende Hilter-Insel zwischen Dortmund-Ems-Kanal und Ems fahren; auf der Hilter-Insel befinden sich u. a. zwei Ferien- und Reiterhöfe.

Der Emsradweg folgt dem Kanal bzw. der Ems weiter zur Verzweigung vor dem Sportboothafen Lathen und folgt rechts der Marschstraße weiter; hier befinden sich das Hotel Lathener Marsch (www.lathener-marsch.de) und der Campingplatz Lathener Marsch am Lathener Freizeitsee. Wenige Fahrradminuten später erreicht der Radweg den Rand des Ortskerns von **Lathen** 04.

Lathen – Heede / 18 km / 1:45 Std.

Ab Lathen haben Emsradweg und Radroute Dortmund-Ems-Kanal über weite Strecken eine identische Routenführung. Auf der Mühlenstraße verlässt der Emsradweg das Kirchdorf nordwärts und folgt nach Queren der Landstraße der Kreisstraße geradeaus, bald wieder am Dortmund-Ems-Kanal mit Blick auf die Orte **Fresenburg** 05 und Düthe jenseits des Kanals. Nach Passieren der Düther Schleuse erreicht der Radweg das Kirchdorf **Steinbild** 06, wechselt nach Passieren der Kirche auf der Emsstraßenbrücke auf die linke Seite der Ems und erreicht nach Umfahren des Campingplatzes Cremering den **Marinapark Emstal** 07. Am linken Ufer geht es weiter durch die Auen-, Wald- und Wiesenidylle, hinter dem nächsten Emsaltarm erlaubt ein Aussichtsturm den Blick von oben, wenig später liegt der idyllische Altarm Rodo am Weg: Die Rodo-Halbinsel

Emsaltarm an der Rodo-Halbinsel.

zwischen dem Kirchdorf Dersum und dem Dortmund-Ems-Kanal zählt zu den Perlen des Landschaftsschutzgebiets Emstal. Die Ems bildete an dieser Stelle eine Schleife, die beim Kanalbau durchstochen wurde; längs des Altarms sind eine urwüchsige Wasser- und Naturlandschaft mit Auenwäldern und Wiesen und eine wich-

Hümmling: Geestrücken über dem Emstal

Der Hümmling ist der von Wäldern, Heideflächen, Wacholderhainen, Bauerndörfern und Großsteingräbern geprägte eiszeitliche Geestmoränen-Rücken östlich des Emstals zwischen der Hase im Süden und dem Küstenkanal im Norden; im 73 m hohen Windberg erreicht er seine höchste Erhebung. Jahrtausendelang war diese dicht bewaldete Geestinsel von Mooren umgeben und hat sich bis ins 20. Jh. eine relative Unberührtheit bewahrt, ehe ab den 1950er Jahren die Erschließung durch den modernen Verkehr begann. Heute ist der Hümmling ein Geheimtipp für Naturliebhaber mit Schwerpunkt Radwandern. Touristische Anziehungspunkte sind Schloss Clemenswerth bei Sögel und die Versuchsstrecke der Transrapid-Magnetschwebebahn bei Lathen.

tige Brutstätte für Wildschwäne entstanden. An der Abzweigung Richtung Rodo-Halbinsel informieren Lehrtafeln an einer Unterstellhütte, gegenüber mündet der Küstenkanal ein.

Im Wechsel von Wald und Wiesen folgt der geschotterte Radweg dem Westufer des Kanals zur Schleuse Bollingerfähr und erreicht dahinter den ausgeschilderten Abzweig zum Kirchdorf ★ **Heede** 08. Wenige Minuten später erreicht er den Rastplatz Alter Heeder Utladeplatz: Früher besaß Heede an der Ems einen eigenen Schiffsanlegeplatz, wo Frachter ihre Ladung löschten. Heute erinnert ein Gedenkstein, neben dem Bänke und Tisch zur Rast einladen, an die vergangenen Zeiten.

Heede – Papenburg / 19 km / 1:50 Std.

Wiederum nur wenige Minuten später erreicht der Radweg an einer Schutzhütte die Seilzugfähre **Leher Pünte** 09. Während der folgenden Wiesenfahrt nimmt der Kanal die Goldfischdever auf, wechselt an der Schleuse Herbrum ans Ostufer des Kanals und erreicht das alte Kirchdorf **Aschendorf** 10.

Am Heeder See.

Hier trennen sich der Emsradweg und die Radroute Dortmund-Ems-Kanal am Gehölz vor dem Aschendorfer See, einem beliebten Angelgewässer: Während die Radroute DEK direkt zur Papenburger Meyer Werft weiterführt, schwingt der Emsradweg landeinwärts nach Aschendorf zum sehenswerten Gut Altenkamp. Auf der Emdener Straße und dann links versetzt geradeaus (Bülte) führt er zum Volkspark Bokel an der Friederikenstraße in Untenende: Er liegt idyllisch inmitten weitläufiger Grün- und Wasserflächen und lädt zu ausgedehnten Spaziergängen und gemütlichen Picknickfreuden ein.

Am Ende der Friederikenstraße erreicht der Radweg dann das Kanalsystem von **Papenburg** **11**: nach rechts führt die Straße „Hauptkanal links“ zu Einkehrmöglichkeiten und in die „Altstadt“, links führt der Radweg durch die Straße „Hauptkanal rechts“ zum nahen Bahnhof.

Düthe
Ems
Glocken-
turm
Düthe
Fresenburg
05
Dortm.-Ems-Kanal
Melstrup
70
Versuchsanlage Magnetschwebebahn Transrapid
31
9
9
11
13
12
7
8
Versuchszentrum
Transrapid
P
Lathen
04
96
Wahn
14

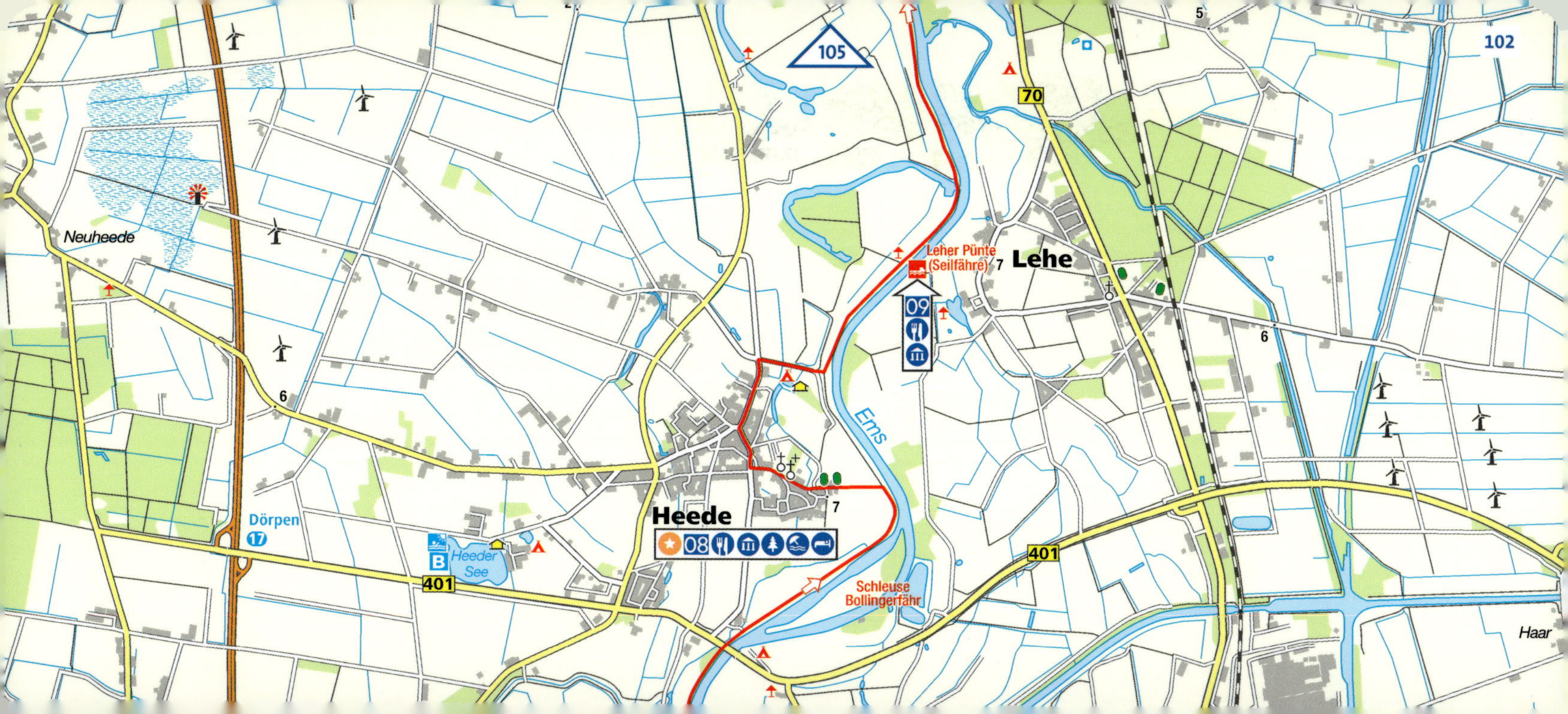
105
70
Neuheede
Leher Pünte
(Seilfähre)
7
Lehe
09
6
6
Dörpen
17
Heeder
See
B
401
Heede
08
7
Ems
Schleuse
Bollingerfähr
401
Haar
5

31
Neu-dersum
Dersum
Rodo
7
9
P
Ems
Veenberge
10
Küstenkanal
PapierWelt
Dörpen
13
10
Ahlen
Kluse
Beckhusen
100
70
8
Versuchsanlage Magnetschwebebahn Transrapid
Infozentrum Transrapid
P

Etappe 06
TUNXDORF
NENNDORF
BOKEL
Mühlenstraße
Ziel
PAPENBURG
11
Heimatmuseum
Meyers Mühle
Naschkes Garten
Bock-windmühle
Dokumentations-u. Infozentrum Emslandlager
UNTENENDE
Alter Turm
Demonstrationswald-Info
Brahe
Tunxdorfer
Naherholungsgebiet
Waldsee
Berge
Bokeler-
weg
Naherholungsgebiet
Westerwolde-Hümmling-Route
Ems
Heimat-museum
ASCHENDORF
10
70
Sud-felde

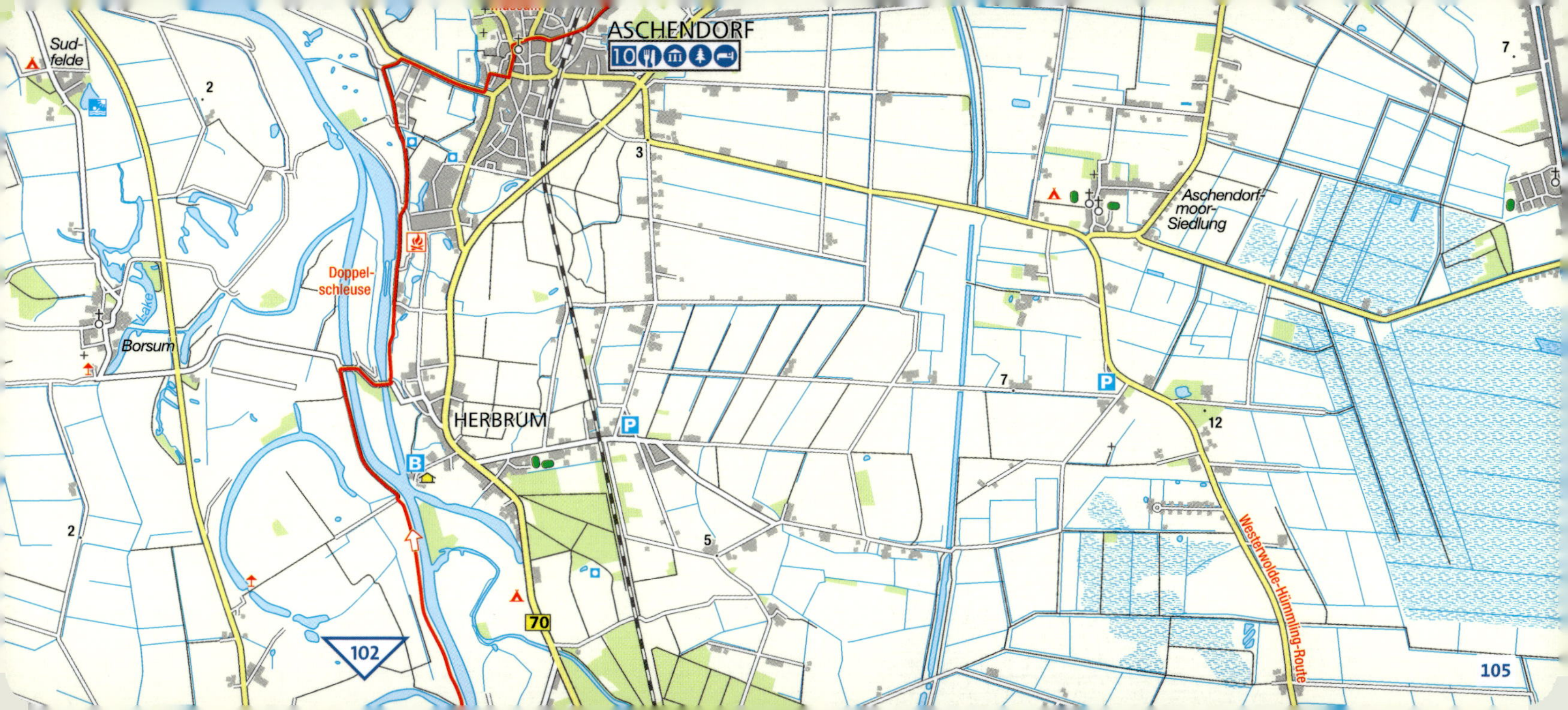
ASCHENDORF
10
Sud-
felde
Borsum
Lake
Doppel-
schleuse
HERBRUM
Aschendorf-
moor-
Siedlung
Westerwolde-Hümmling-Route
102
70
2
3
5
7
12
P
B

AUSFLUGSZIELE / SEHENSWÜRDIGKEITEN & EINKEHRTIPPS

Harener Mühlenmuseum 02

Das Harener Mühlenmuseum am Mühlenberg ist ein Freilichtmuseum mit Kappenwindmühle (1825), Müllerhaus (1829), Backhaus (1809), Fachwerkscheune, Motormühle und Wagenremise mit Stellmacherwerkstatt sowie einem emsländischen Bauerngarten mit altem Baumbestand. Das Müllerhaus ist ein niederdeutsches Hallenhaus, in dem die originalgetreue Inneneinrichtung die Wohn- und Arbeitssituation in alten Zeiten dokumentiert. Das Obergeschoss enthält eine Sammlung von Nachbauten aller deutschen Mühlentypen. In unregelmäßigen Abständen wird im Backhaus noch Brot im alten Steinofen gebacken. Info: www.heimatverein-haren.de

Lathen 04

Lathen liegt an der Ems zu Füßen des waldreichen Hümmlings. Die Vituskirche wird schon im 9. Jh. erstmals erwähnt; im 19./20. Jh. entstand die heutige Hallenkirche.

Petruskirche (1484) in Heede.

Transrapid Der Transrapid ist eine in Deutschland entwickelte Magnetschwebebahn mit berührungsfreier Trag-, Führ-, Antriebs- und Bremstechnik. Als Versuchsanlage wurde 1983 bei Lathen ein aufgeständerter Rundkurs teils in Beton-, teils in Stahlbauweise in Betrieb genommen. Er besteht aus zwei ringförmigen Schleifen mit 1.690 m und 1.000 m Durchmesser, einer geraden Verbindungsstrecke und drei Stahlbiegeweichen. Der Betrieb wird von einem Leitstand im Versuchszentrum gesteuert und überwacht. 1984 durchbrach der Transrapid 06 mit 205 km erstmals die 200-km/h-Marke, 1993 erreichte der Transrapid 07 450 km/h.

Katastrophe Auf der Teststrecke ereignete sich 2006 ein schwerer Unfall mit 23 Toten und zehn Verletzten. Der Transrapid 08 stieß bei einer Geschwindigkeit von 162 km/h mit einem von zwei Arbeitern besetzten Werkstattwagen zusammen. Der Werkstattwagen sowie der vordere Teil der Magnetschwebebahn wurden völlig zerstört. Nach dem Unfall wurde der Testbetrieb vorübergehend eingestellt. Die Bundesregierung verzichtete auf den Bau der geplanten Transrapidverbindung Hamburg – Berlin, auch die Müchner Transrapidstrecke wurde nicht gebaut.

Fresenburg 05
Inselgemeinde im Emsland in der Samtgemeinde Lathen

Der alte Burgort Fresenburg und die Tingstätte Düthe liegen auf der „Insel" zwischen dem Dortmund-Ems-Kanal und der Ems sowie dem Wehrarm Düthe und sind nur von Osten her auf Brücken erreichbar. Die Fresenburg wird 1226 erstmals erwähnt; sie sicherte die Grenze gegen die Grafschaft Tecklenburg und diente der Erhebung des Emszolls, ab dem 14. Jh. verfiel sie. Erhalten ist die im 19. Jh. rekonstruierte und achteckig umgebaute alte **Burgkapelle** mit dem hölzernen Glockenstuhl. Der Nachbarort Düthe wird 854 erstmals erwähnt; er war im Mittelalter Sitz eines Gogerichts.

Steinbild 06
Ortsteil der Gemeinde Kluse in der Samtgemeinde Dörpen.

Der Ort Steinbild wird bereits 854 als Steenebille erwähnt und ist ab 1304 als Kirchdorf nachweisbar. Die **Georgskirche** ist ein einschiffiger Backsteinbau (1512) mit quadratischem Westturm.

Nördlich des Kirchdorfs befindet sich das **Feriengebiet Sieverings-Beel**, benannt nach dem gleichnamigen Gehöft, das seit dem 14. Jh. an der Ems besteht. Die **Waldschänke** lädt mit Biergarten zur Einkehr ein, im Feriengebiet befinden sich Wochenend-Blockhäuser (www.feriengebiet-sieverings-beel.de).

Marinapark Emstal 07
Der Marinapark Emstal bei Walchum ist einer von zahlreichen Sportboothafen- und Ferienhausparks in der Naturidylle am Dortmund-Ems-Kanal, der Radweg führt durch den Park. Ab den 60er Jahren suchten „wilde" Camper die naturschönen Wald- und Wiesenflecken des Emstals auf und versorgten sich in den nahen Gaststätten und Dörfern. Als immer mehr Erholungssuchende an die Ems strömten, eröffneten in den 70er Jahren die ersten Campingplätze. 2001 eröffnete der Marinapark mit 120 Bootsliegeplätzen, viele der 60 Ferienhäuser haben direkt vor der Haustür den eigenen Anleger.

Heede 08
Kirchdorf im Emsland zwischen Dortmund-Ems-Kanal und Heeder See in der Samtgemeinde Dörpen.

Das Wallfahrtsdorf Heede liegt im Landschaftsschutzgebiet Emstal zwischen der Ems, die ihr Flussbett über weite Strecken mit dem Dortmund-Ems-Kanal teilt, und dem Heeder See, einem Freizeitsee mit 700 m langem Sandstrand. Wahrzeichen des im Jahr 835 erstmals erwähnten Orts, der dank des schiffbaren Flusses und der Nähe zum niederländischen Groningerland ein Knotenpunkt für Markt, Handel und Verkehr wurde, sind die 1000-jährige Dicke Linde im Park auf dem Gelände der ehemaligen Schärpenburg, die gotische Petruskirche und die Gebetsstätte auf dem Friedhof zwischen der Petruskirche und der modernen Marienwallfahrtskirche. Die Berichte von vier Heeder Mädchen über Marienerscheinungen auf dem Friedhof und die Reaktionen des NS-Regimes machten Heede 1937–1940 zu einem Symbolort christlichen Widerstands gegen die nationalsozialistische Diktatur.

Der **Heeder See** ist das Wassersport- und Ferienparadies von Heede. Feinsandige Strände, Liegewiesen und Schattenplätze unter den Bäumen auf den „Dünen" säumen den 12 ha großen See, der durch Ausbaggerung beim Bau der Bundesautobahn A 31 entstand. Hinzu kommen Tretbootverleih, Fünf-Mast-Wasserskianlage, Beachvolleyball-Feld und Trampolinanlage sowie Restaurants. Das Ferienhausgelände, der Campingplatz und der Jugendzeltplatz locken auch viele Gäste aus den benachbarten Niederlanden an den Heeder See, der im August Schauplatz des Festivals „Heeder See in Flammen“ ist.

Leher Pünte 09

Die Leher Pünte ist eine Seilzugfähre, die das Kirchdorf Lehe rechts der Ems mit dem Rad- und Wanderweg auf der gegenüberliegenden Seite des kanalisierten Flusses verbindet. Vom 1. Mai bis zum 3. Oktober bringt der „Püntker“ (Fährmann) Radler und Wanderer an Sonn- und Feiertagen von 10 bis 18 Uhr mit Muskelkraft von einem Ufer zum anderen. Der 1899 eröffnete Dortmund-Ems-Kanal schnitt Lehe von den Achterbergen – dem Grünland links der Ems – ab, die Bauern gelangten nur noch mit der Pünte zu ihren Ländereien. In den 60er Jahren wurde der Fährbetrieb eingestellt, die heutige Pünte ist ein Nachbau der historischen. Im Kirchdorf Lehe kann man in der Gaststätte einkehren.

Aschendorf 10

Ortsteil der Stadt Papenburg.

Aschendorf wurde um 800 vom Missionar Liudger als Taufort des sächsischen Emsgaus gegründet. An den dreischiffigen mittelalterlichen Backsteinbau der Amanduskirche schließt sich seit den 60er Jahren nach Abbruch des alten Chores ein Neubau an. Die Wasserburg Haus Altenkamp am östlichen Ortsrand fungiert als Kulturzentrum; das Anwesen umgibt ein sehenswerter Barockgarten.

Papenburg 11

Papenburg, Stadt im nördlichen Emsland an der Tideems an der Grenze zu Ostfriesland, größte Fehnkolonie Deutschlands („Venedig des Nordens“).

Meyer Werft Die Meyer Werft an der Ems (Aussichts- und Info-Point) zählt zu den renommiertesten Schiffbauern der Erde. Spezialisiert ist sie auf Luxusliner, hinzu kommen Fähr- und Containerschiffe, Gastanker und Flusskreuzfahrtschiffe. Wenn ein Kreuzfahrtschiff vom Trockendock emsabwärts nach Emden fährt, säumen Zehntausende Menschen aus ganz Norddeutschland die Deiche, fasziniert vom meist nächtlichen Spektakel, wie sich ein Ozeanriese bei Vollmond im Zeitlupentempo auf einem Fluss bewegt. Im gläsernen Turm des Besucherzentrums werfen jährlich rund 300.000 Menschen einen Blick auf die in der Meyer Werft im Bau befindlichen Schiffe (www.meyerwerft.de).

Fehnkolonie Papenburg wurde ab 1638 zur größten Fehnkolonie Deutschlands ausgebaut, Kanäle und Wieken prägen bis heute das Stadtbild im „Venedig des Nordens“. Zentrale Lebensader ist wie vor bald 400 Jahren der Hauptkanal, flankiert von Geschäften, Restaurants und Cafés, und ist Schauplatz von Veranstaltungen wie Stadtfest und Papenburger Sommer. Vor dem Rathaus ankert im Hauptkanal die Brigg „Friederike von Papenburg“, das Wahrzeichen der Stadt; das Museumsschiff beherbergt eine Nebenstelle der Tourist Information und ist Teil des über die gesamte Kanalstadt verteilten Schifffahrtsmuseums, zu dem fünf weitere Museumsschiffe gehören, darunter die noch fahrtüchtige Schmack (Gaffelsegler) „Gesine von Papenburg“, ein Plattbodenschiff mit Seitenschwertern.

Bockwindmühle Sie ist die letzte ihrer Art im Emsland; der gesamte Mühlenkörper wird bei diesem ältesten in Deutschland errichteten Mühlentyp in den Wind gedreht; vor der Bockwindmühle ankert der Teeklipper „Katharina von Papenburg“.

Altes Amtshaus Das Alte Amtshaus am Hauptkanal rechts 13 im Stadtteil Untenende ist das älteste Gebäude der Stadt; es beherbergt das Heimatmuseum und ein Café.

Aussichtsturm Einen traumhaften Überblick über die Kanalstadt bietet der Alte Turm (1848), ein Nachbau des Leuchtturms von Riga an der Umländer Wiek rechts im Stadtteil Obenende.

Forum Alte Werft In den ehemaligen Produktionsstätten der Meyer Werft am Ölmühlenweg nahe des Alten Amtshauses befindet sich das Kultur- und Veranstaltungszentrum Forum Alte Werft mit Stadthalle, Galerie und Theater. Die Kombination aus alter Industriekultur und modernster Veranstaltungstechnik sorgt für ein unvergessliches Erlebnis: Regelmäßig finden hier Musicals, Konzerte, Theateraufführungen und Kongresse statt.

Tourismusinformation siehe ab S. 134
Übernachtungsverzeichnis siehe ab S. 136

Bockwindmühle in Papenburg.

Etappe 07 Papenburg – Leer – Emden

An Unterems und Dollart in die Seehafenstadt Emden

61 km	6:00 Std.	4 hm	4 hm

GPS-Koordinaten / Start
UTM x: 392.000 m
Zone 32 y: 5.888.340 m

Startort: Papenburg, 6 m
Start: Bahnhof Papenburg (1 m), Bahnhofstraße 1
Ziel: Emden, 2 m
Charakter: Eine leichte, durchwegs flache Deich- und Kanaluferfahrt im Grünen auf Schotter- und Asphaltwegen
Verkehr: Die Route ist fast durchgehend autofrei

Tipp: Papenburg, Leer und Emden liegen an der Emsland-Express-Strecke, sodass die Rückkehr mit der Bahn problemlos möglich ist.

Ausflugsziele / Sehenswürdigkeiten & Einkehrtipps siehe S. 124–129

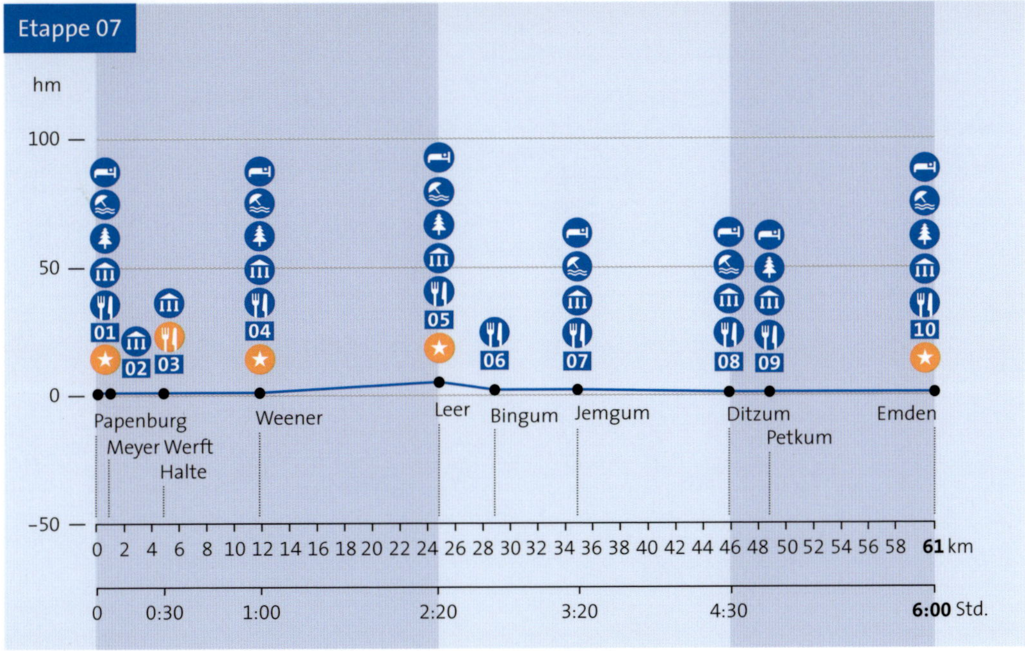

In autofreier Deichfahrt im Grünen führt der Radweg emsabwärts zum Freizeithafen von Leer an der Mündung der Leda, folgt dem grünen Rheiderland-Deich aussichtsreich nach Ditzum, ehe in Petkum der weiterhin autofreie Schlussspurt in die Seehafenstadt Emden beginnt.

Papenburg – Leer / 25 km / 2:20 Std.

Start Vom Bahnhof am City-Rand der Fehnkolonie **Papenburg** 01 führt die Bahnhofstraße parallel zum Gleiskörper in Fahrtrichtung Emden stadtauswärts, am Ende der Bahnhofstraße geht es links Zur Seeschleuse über die Bahntrasse und geradeaus auf dem Wehrdeich zum Besucherbereich an den Schleusen der **Meyer Werft** 02. Die Kilometrierung der Seeschifffahrtsstraße Unterems beginnt hier mit 0 und endet bei Kilometer 67,7 am Beginn der Außenems; die 500-Meter-Marken sind durch Schilder mit dem Zeichen + ausgewiesen.

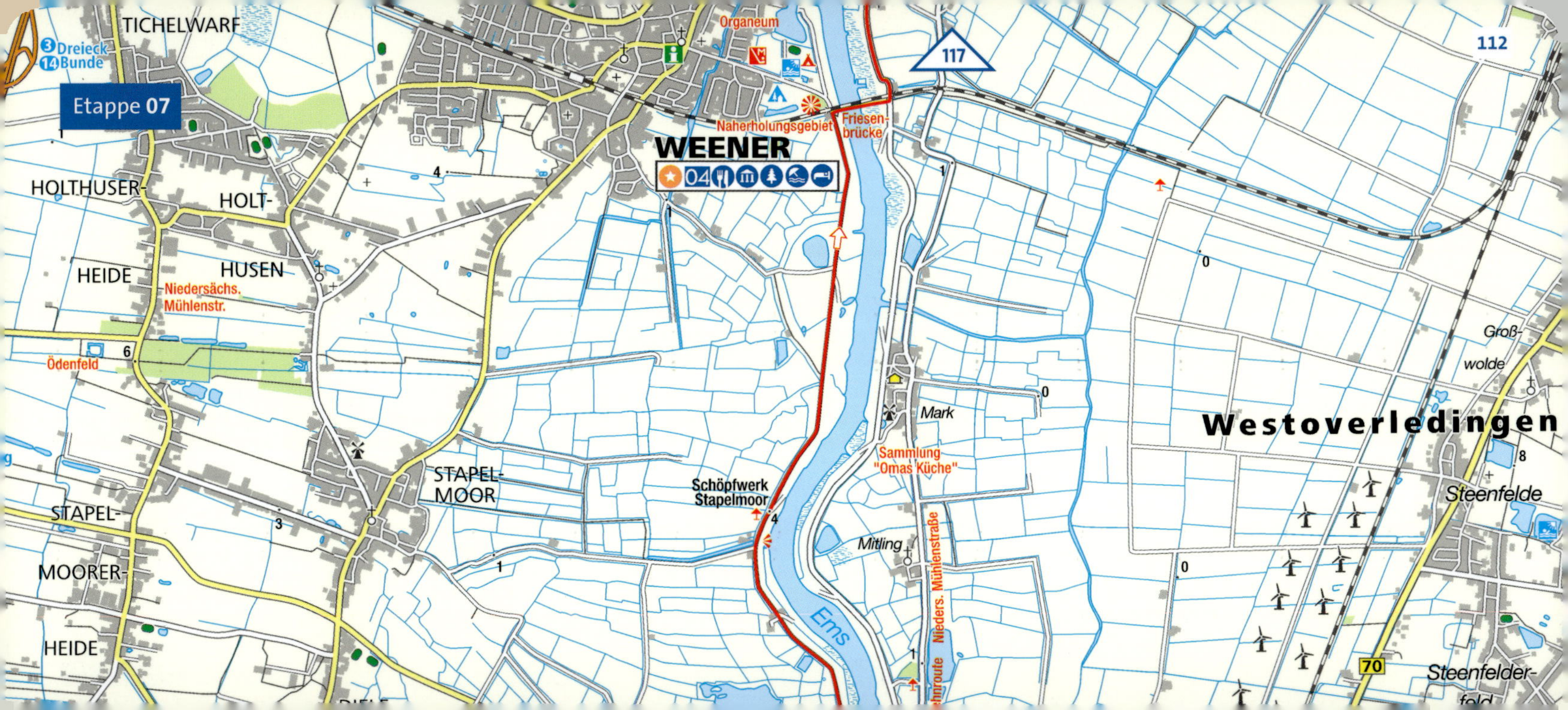

Etappe 07
3 Dreieck
14 Bunde
TICHELWARF
HOLTHUSER-
HOLT-
HEIDE
HUSEN
Niedersächs.
Mühlenstr.
Ödenfeld
6
STAPEL-
MOORER-
HEIDE
STAPEL-
MOOR
Organeum
WEENER
04
Naherholungsgebiet
Friesen-
brücke
117
Schöpfwerk
Stapelmoor
Ems
Mark
Sammlung
"Omas Küche"
Mitling
Nieders. Mühlenstraße
Westoverledingen
Groß-
wolde
Steenfelde
Steenfelder-
70

DIELE
Grüne-Küstenstraße
Nesseborg
Deutsche Fehnroute
Steenfelder-
feld
Steen-
felder
fehn
VELLAGE
HALTE
03
Dock-
schleuse
See-
schleuse
02
Meyer
Werft
Völlen
Völlenerfehn
Westoverledingen
Brual
Ems
NENNDORF
Niedersächs. Mühlenstraße
TUNXDORF
BOKEL
Start
PAPENBURG
01
Völlener-
königsfehn
Heimatmuseum
Meyers
Mühle
Tunxdorfer
Naschkes Garten

Raubgrafenburg Halte

Der Sage zufolge stand in Halte die Burg eines Raubgrafen, dem die Emsfähre gehörte. Die Knechte des Grafen ruderten die Reisenden über den Fluss zur Burg, in der nachts als Leuchtfeuer ein blaues Licht brannte. Hatten die Reisenden das Ufer erreicht, raubte der Graf sie aus und ließ die Leichen in den Keller werfen. Als der Drost zu Leer von den Untaten erfuhr, ließ er die Burg in Schutt und Asche legen, doch dort, wo einstens die Mordflamme leuchtete, ist noch heute in dunklen Nächten ein blaues Irrlicht zu sehen, und von der Ems her ertönt das schaurige Heulen eines Hundes.

Nach Überqueren der Schleusenanlagen geht es am Nordkai des Werfthafenbeckens Richtung Emsbrücke: Diesseits der Brücke, die das emsländische Papenburg und das rheiderländische Vellage/Halte verbindet, führt der Radweg rechts hinauf zur Vellager Straße, überquert die Ems auf der Brücke und leitet dahinter rechts hinab zur schmalen Halter Straße, die am Deichfuß zum Hotel-Restaurant „Reiherhorst“ und dem Dreiländer-Aussichtspunkt von **Halte** 03 führt.

Hinter den Unterglaskulturen von Halte taucht der Asphaltweg in einsames Grünland ein, erreicht an der Deichschäferei Nesseborg wieder den Deich und folgt ihm nordwärts, während landeinwärts der Kirchturm von Stapelmoor aus den Feldfluren spitzt und sich am gegenüberliegenden Ufer das Flügelkreuz der Windmühle von Mitling-Mark zeigt.

Am **Schöpfwerk Stapelmoor** lädt eine Sitzbank zu einer aussichtsreichen Rast ein, dann erreicht der Deich die Friesenbrücke vor dem Erholungsgebiet der Stadt **Weener** 04.

Nach Überqueren der Ems auf der aussichtsreichen Friesenbrücke geht es schräg rechts hinab zum Asphaltweg am Deichfuß und auf diesem links unter der Brücke her. Am Schöpfwerk an der Mündung des **Coldemüntjer Schöpfwerkstiefs** vorbei führt der Weg stromabwärts. Bei den einsam gelegenen Häusern von **Weekeborg** verweisen Schilder auf den nahen **Freizeitpark am Emsdeich**; mit Campingplatz, Naturbadesee mit Liegewiesen und Einkehrmöglichkeit.

Auf dem Emsdeich laden mehrfach Sitzbänke zu aussichtsreicher Rast ein, die bestplatzierten stehen vor **Kloster Muhde** am **Muhder Siel**: Der Blick schweift über die Ledamündung hinweg zur Jann-Berghaus-Brücke, die hochgeklappt wird, um größere Schiffe durchzulassen.

Kurz hinter dem Muhder Siel mündet der autofreie Weg am Deichfuß in die Esklumer Straße, am historischen Siel von **Esklum** lädt binnendeichs ein Rastplatz zum Verweilen ein, während auf dem Ledadeich eine aussichtsreiche Sitzbank steht. In **Heerenborg** bietet die Bäuerin in einem „Melkhuske" (Milchhäuschen) Erfrischungen an, dann ist die **Ledabrücke** erreicht, eine stählerne Eisenbahn-, Fahrrad- und Fußgängerbrücke über den Emsnebenfluss Leda; flussaufwärts befindet sich das Ledasperrwerk.

Nach Überqueren der Leda geht es links versetzt geradeaus An der Seeschleuse weiter, übergehend in die Sägemühlenstraße, die parallel zu einem Bahngleis zum Freizeithafen im Herzen von **Leer** 05 führt: am Anfang des Hafens rechts (Georgstraße), dann links Ledastraße zum Panoramarestaurant „Schöne Aussicht", dahinter links (Kuppenwarf) zum Ansatz der **Nessebrücke**, die als Fußgänger- und Fahrradbrücke den Leeraner Freizeithafen nahe des Marktplatzes überspannt. Nach einer kurzen Passage am Ufer wechselt die Radroute rechts (Fal-

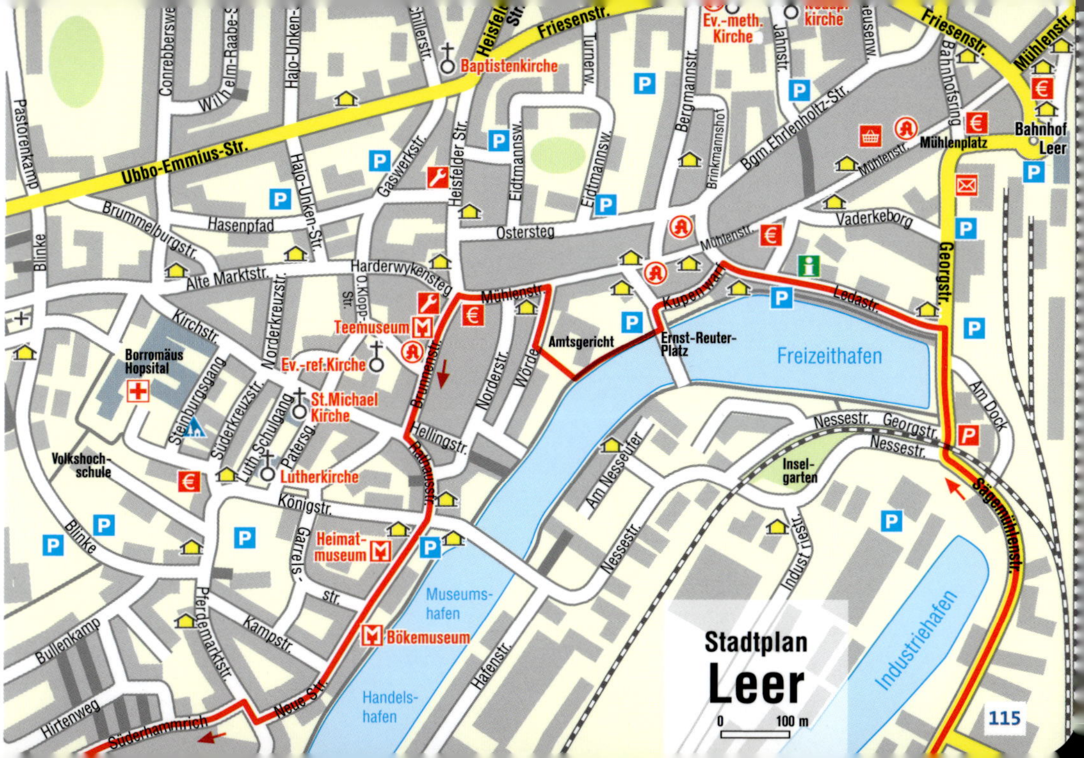

Etappe 07
119
Soltborg
Holtgaste
Jemgum
12
BINGUM
06
Bingum-
gaste
Coldam
KIRCHBORGUM
Kloster Muhde
Esklum
Deutsche Fehnroute
LEERORT
Leda
Ems
Leer-West
11
Kolk
436
Grüne
Stadtplan S. 115
Teemuseum
Heimatmuseum
Bökemuseum
Ostfriesland-
halle
LEER
(Ostfriesland)
05
Leda-
Sperrwerk
Julianen-
park
Schloss
Philippsburg
Nieders. Mühlenstraße
Schloss Evenburg
E22
31
70
116

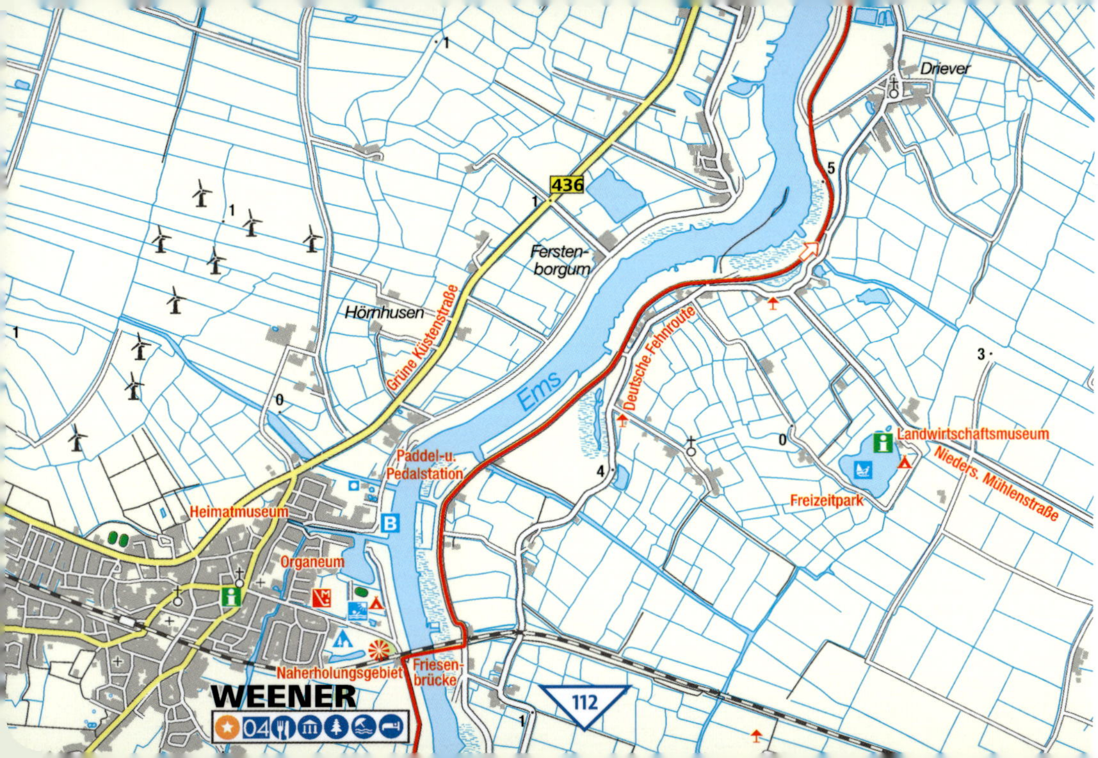

Plytenberg

Der Plytenberg in Leer ist ein von Menschenhand aufgeschütteter Hügel, bei dem der Missionar Liudger um 792 die erste Kirche Ostfrieslands gründete. Eine Beschreibung des Amts Leerort bezeichnet ihn 1735 als „erhabensten Ort im ganz Ostfrieslande“, andere sahen in ihm den „heiligen Berg Ostfrieslands“, das „stolzeste Denkmal des Heidentums“, ein „Königsgrab wie die ägyptischen Pyramiden“ oder auch nur „eine Anhäufung überflüssigen Bodenmaterials“. Die Archäologie hat das Rätsel des Plytenbergs nicht gelöst, weswegen bis heute die Spekulationen blühen. Jahrhundertelang war der Plytenberg am Ostermontag Schauplatz traditioneller Eierspiele. Die Kinder mussten den Hügel herabrollende Eier erhaschen, beim Bicken wurden die Spitzen hart gekochter Eier gegeneinander geschlagen, das zerbrochene Ei gehörte dem Sieger.

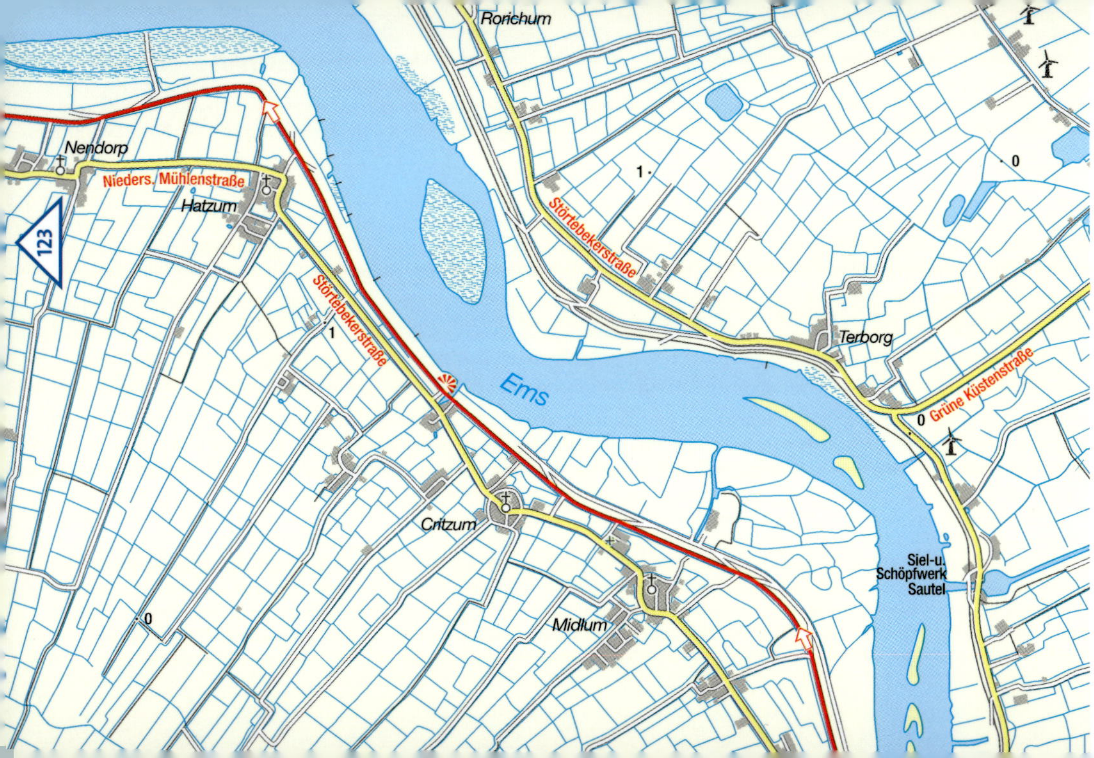

dernstraße) und erneut rechts (Wörde) in die Altstadt, an der Mühlenstraße links und am **Bünting Teemuseum** erneut links (Brunnenstraße) an der reformierten Kirche vorbei, am Ende links Rathausstraße zum Neorenaissancebau des Rathauses bei der historischen **Alten Waage** am **Museumshafen**. Vor der Alten Waage wechselt der Radweg halb rechts in die ruhige Neue Straße mit dem Böke-Museum in Haus Nr. 33. Am Ende kurz rechts (Pferdemarktstraße) und gleich links (Süderhammrich) zur Bundesstraße (Emsstraße, B 436), die links auf der **Jann-Berghaus-Brücke** die Ems überquert. Die Jann-Berghaus-Brücke ist die größte Klappbrücke Deutschlands.

Leer – Ditzum / 21 km / 2:10 Std.

Dahinter zweigen die Radwege DEK-Radroute, Nordseeküsten-Radweg und Internationale Dollard Route rechts auf die schmale Straße Am Bingumer Deich und gleich vor dem Ortseingang

des Kirchdorfs **Bingum** 06 rechts auf den autofreien Asphaltweg längs des Emsdeichs ab. Oben auf der Deichkrone laden Sitzbänke zur Rast ein, der Blick fällt über den Camping und Bootshafen **Marina Bingum** hinweg auf die Ems mit der Insel Bingumer Sand. In **Neu Bingum** folgen die Radrouten kurz der Straße Am Bingumer Deich über die A 31 hinweg – dahinter links ein ausgeschildertes Vogelbeobachtungs-Aussichtsgerüst am Soltborger Kolk – und wechseln am **Soltborger Schöpfwerk** wieder rechts auf den autofreien Asphaltweg landseitig des Emsdeichs. Aussichtsreich führt der Weg in den Emshafenort **Jemgum** 07, dessen Kirchturm und Windmühle schon von weitem sichtbar sind. Hier lohnt ein Abstecher rechts in den Hafen; am Emsufer befinden sich eine Gaststätte und eine Badestelle.

Von Jemgum geht es weiter auf dem aussichtsreichen Asphaltweg, Abstecher in die Dörfer **Mid-**

lum und **Critzum** sind ebenso ausgeschildert wie in das Dorf **Hatzum**, dann lädt am **Coldeborger Siel** erneut eine Sitzbank zu aussichtsreicher Rast mit Blick auf den Yachthafen von Oldersum ein, wo der Ems-Seitenkanal abzweigt. Der Asphaltweg folgt dem Emsdeich am **Emssperrwerk** vorbei in das Fischereidorf **Ditzum** 08.

Ditzum – Emden / 15 km / 1:30 Std.

Hier bringt uns die kleine Fahrradfähre in das Kirchdorf **Petkum** 09 am rechten Emsufer. Vom Fähranleger führt die Zufahrt (Fährstraße) zur Kirche, vor der Kirche rechts am Café „Kuhstall" vorbei und gleich links zur Landstraße. Dort geht es links versetzt geradeaus durch die Mohnblumenstraße, gleich rechts schwingend in die Sonnenblumenstraße und am Ende links auf dem Klappweg zum **Ems-Seitenkanal**. Nach Überqueren des Kanals zweigt der Radweg rechts ab, unterquert die Brücke

Fahrradfähre am Anleger in Ditzum.

und folgt dem schönen ungeteerten Weg neben dem Kanal Richtung Borssum. An der **Borssumer Brücke** (links ginge es zum Freibad Borssum) verlässt der Radweg den Kanal und folgt dem Wykhoffweg rechts hinaus in die Feldflur.

Mühlenmuseum Mitling-Mark am Emsdeich.

Auf dem ersten Weg geht es links zum **Fehntjer Tief**, dort kurz links und auf der ersten Stegbrücke rechts (Schutzhütte). Nach Überqueren des Autobahnzubringers (B 210) wechselt der Radweg links auf einen breiten Schotterweg, überquert das **Verbindungstief** und den **Borssumer Kanal**, zweigt die erste rechts in die Heilsberger Straße ein und die nächste links (Thorner Straße), an der Jugendherberge rechts und zum **Van-Ameren-Bürgerbad** an der **Kesselschleuse** vor den Grünanlagen am historischen Stadtwall der Seehafenstadt **Emden** 10. Von der Kesselschleuse am Ende/Anfang des Ems-Jade-Kanals führt der Radweg zum Wall und folgt der Krone der in eine Parkanlage umgewandelten Stadtbefestigung um die Altstadt herum rechts unter alten Bäumen; am Albringswehrster Zwinger besteht die Möglichkeit, einen Abstecher in das **Freizeitbad Friesentherme** zu unternehmen (Abstecher: 1 Min.), während der Radweg dem Wall weiter folgt bis zur Verzweigung vor dem weißen **Jugendstil-Wasserturm** beim **Hauptbahnhof** Emden **Ziel**.

Vom Wall aus sind alle Sehenswürdigkeiten der Seehafenstadt in ausgeschilderten kurzen Abstechern zu erreichen.

Radelfähre Ditzum – Petkum

Vom Emder Stadtteil Petkum aus ist der Fischereihafen Ditzum in 15 Min. mit der von März bis Oktober stündlich verkehrenden Ems-Fähre erreichbar. Sie transportiert neben bis zu drei Pkw (keine Wohnmobile) vor allem Fahrräder: Für drei Radfernwege – Internationale Dollard Route, Nordseeküsten-Radweg und Radroute Dortmund-Ems-Kanal – ist diese letzte regelmäßig verkehrende Emsfähre ein Knotenpunkt, dementsprechend rege ist der Betrieb im Sommer.

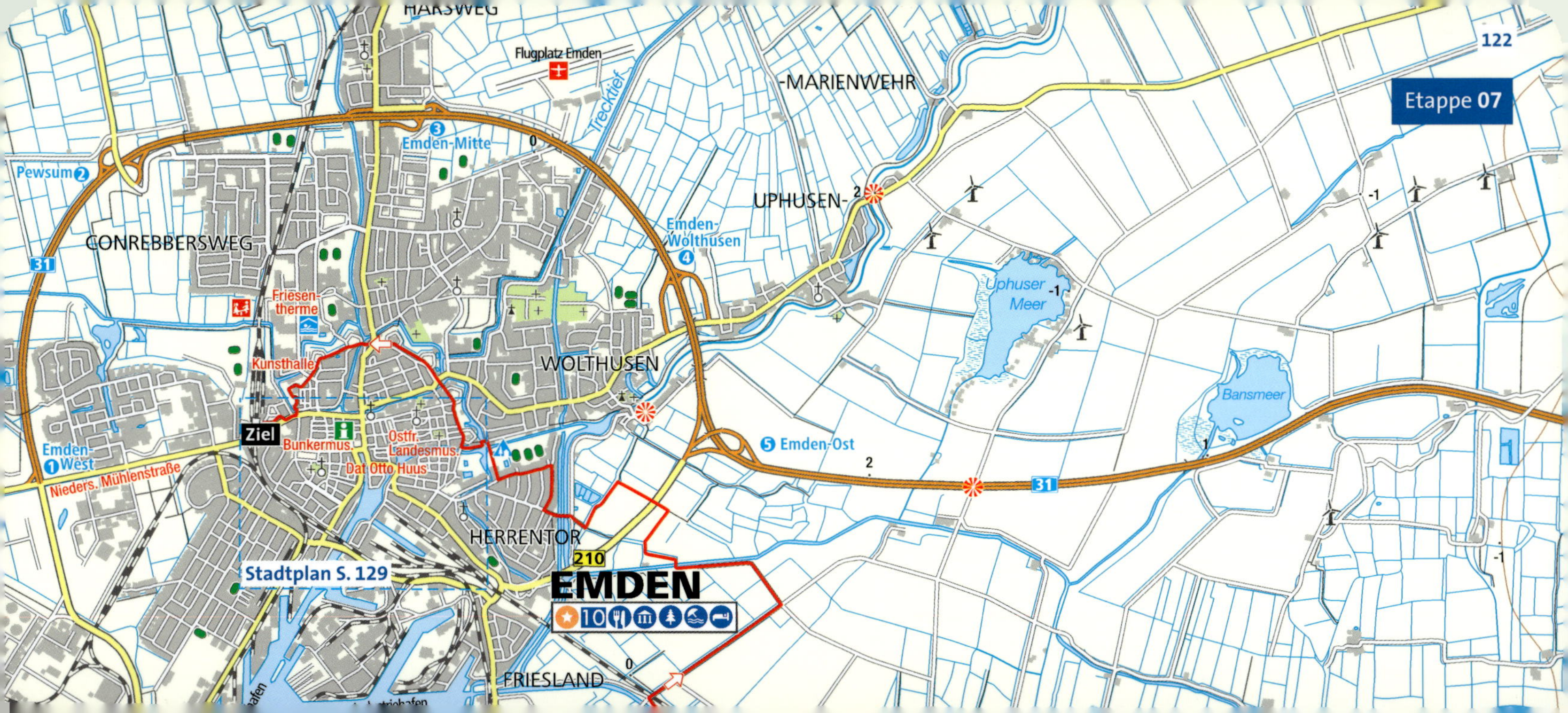

Etappe 07
HARSWEG
Flugplatz Emden
-MARIENWEHR
Trecktief
Emden-Mitte
Pewsum
UPHUSEN-
Emden-Wolthusen
CONREBBERSWEG
Uphuser Meer
Friesen-therme
Kunsthalle
WOLTHUSEN
Bansmeer
Ziel
Bunkermus.
Ostfr. Landesmus.
Dat Otto Huus
Emden-Ost
Emden-West
Nieders. Mühlenstraße
31
HERRENTOR
210
Stadtplan S. 129
EMDEN
10
FRIESLAND

PORT ARTHUR/ TRANSVAAL
Binnenhafen
Industriehafen
Öl-hafen
BORSSUM
HILMARSUM
Außenhafen
Neuer
Große Seeschleuse
Binnenhafen
Jarßumer H.
Vorhafen
Störtebekerstraße
PETKUM
09
Ems-Seitenkanal
Borßumer Siel
Ökowerk Emden
JARSSUM
WIDDELSWEHR
Ems
Petkumer Siel
Grüne Küstenstraße
Ditzum
Gandersum
118
Emssperrwerk
Ditzumer Siel
Pogum
Ditzum
08
Geise
Hoogzand
Nendorp
Nieders. ... straße
Hatzum

AUSFLUGSZIELE / SEHENSWÜRDIGKEITEN & EINKEHRTIPPS

Halte 03

Halte, Ortsteil der Stadt Weener an der Ems. Halte liegt im ostfriesischen Rheiderland links der Ems, jenseits des Flusses zeigt sich die Meyer Werft im emsländischen Papenburg, flussaufwärts rechts der Ems liegt Westoverledingen in Ostfriesland „jenseits = über“ (over) der Leda.

Wo bei den Unterglaskulturen des Dorfs Halte das **Hotel-Restaurant „Reiherhorst“** (www.papenburg-hotel.de) zur Einkehr einlädt, befindet sich der Aussichtspunkt am Dreiländereck von Rheiderland, Emsland und Ostfriesland.

Weener 04

Stadt im ostfriesischen Rheiderland links der Ems. Weener ist die einzige Stadt im deutschen Teil des Rheiderlandes zwischen Ems und Dollart.

Das **Erholungsgebiet Weener** im Grünen vor dem Emsdeich umfasst Paddel-und-Pedal-Station, Sportboothafen mit Promenade, beheiztes Freibad, Tennisplätze, Fitness- und Gesundheitszentrum, Abenteuerspielplatz, Minigolf und Campingplatz.

Friesenbrücke Sie überspannt auf 335,4 m die Ems zwischen Weener im Rheiderland und Hilkenborg in Westoverledingen und ist die längste Eisenbahnklappbrücke Deutschlands. Der Engpass der 1924–1926 und nach der Zerstörung im Zweiten Weltkrieg 1950/51 wieder aufgebauten Stahlbrücke wird hochgeklappt, wenn die Kreuzfahrtschiff-Neubauten der Meyer Werft emsabwärts fahren sowie für größere Sport- und Lastschiffe.

Leer 05

Hafenstadt an der Mündung der Leda in die Ems, Kreisstadt des Landkreises Leer und neben Emden der bedeutendste Industrie- und Handelsstandort Ostfrieslands. Sehenswert ist die historische Altstadt am Hafen mit Kirchen und Museen, dem Alten Rathaus und Backsteinhäusern des 16.–19. Jhs.

Die **historische Altstadt** von Leer liegt am Freizeit- und Museumshafen, der wie die benachbarten Handels- und Industriehäfen durch Abschneiden einer Ledaschleife entstand; die Seeschleuse Leer macht die Häfen tideunabhängig. Die aussichtsreiche Nessebrücke, eine bewegliche Fußgängerbrücke, überspannt auf 82 m den von Promenaden, Radwegen und Restaurants gesäumten Freizeithafen. Der Museumshafen befindet sich an der Uferpromenade vor dem Neurenaissancebau des Alten Rathauses (1894) und der als Gasthof fungierenden barocken ehemaligen Waage; Höhepunkt im Veranstaltungskalender ist das Treffen der Traditionsschiffe, das alle zwei Jahre an einem Sommerwochenende veranstaltet wird.

Die im Stil des niederländischen Klassizismus errichtete Alte Waage (1714) mit Sonnenuhr auf der Südwestseite beherbergt das **Restaurant „Zur Waage und Börse“** (www.restaurant-zur-waage.de). Die reformierte Kirche hatte sich das mit der Waage verbundene Wiegerecht gesichert; erst 1865 ging das Wiegemonopol auf Druck der Kaufleute von der Kirche auf die Stadt über.

Das **Bünting Teemuseum** an der Brunnenstraße 33 dokumentiert die Geschichte, die Herstellung und die Handelswege des „schwarzen Goldes“ ebenso wie die ostfriesische Teetradition. Edles Tee-Porzellan, vielfältiges Tee-Zubehör und historische Exponate vermitteln die Kulturgeschichte des Tees. (www.buenting-teemuseum.de)

Das **Böke-Museum** in einem der alten Häuser an der Hafenseite der Neuen Straße präsentiert Werke des Leeraner Bildhauers Karl-Ludwig Böke (1927–1996). Insbesondere die Porträtbüsten haben Böke weit über seinen ostfriesischen Wirkungskreis hinaus bekannt werden lassen.

Die **Evenburg** in Loga ist eine barocke Wasserburg, die im 19. Jh. ihre neugotischen Formen erhielt. Zusammen mit dem umgebenden Landschaftspark, der barocken Vorburg und der von Süden auf das Schloss zulaufenden autofreien Allee zählt sie zu den stimmungsvollsten Ausflugszielen im südlichen Ostfriesland. Im weitläufigen Schlosspark wachsen uralte Bäume, vor der im Kern aus dem 13. Jh. stammenden Kirche gegenüber der Vorburg stehen bis zu 200 Jahre alte Grabsteine.

Jemgum 07

Kirch- und Windmühlendorf mit Sportboothafen an der Ems, Vorort der Gemeinde Jemgum im nördlichen

Schloss Evenburg im Leeraner Stadtteil Loga.

Rheiderland zwischen Ems und Dollart mit historischen Kirchen in allen elf Dörfern.

Die Jemgumer **Kreuzkirche** entstand durch Umbau der gotischen Kirche des Johanniterordens. Der leuchtturmartige Kirchturm (1846) mit einem Segelschiff als Wetterfahne ist das Wahrzeichen des Ortes.

Die Jemgumer **Windmühle** (1756) ist ein zweistöckiger Galerieholländer mit Reetdach. Die Galerie bietet einen schönen Blick auf den Ort, die Ems und das Reiderland.

Ditzum 08

Das Fischereidorf Ditzum im Rheiderland mit kleinem Emshafen ist ein Dreh- und Angelpunkt im Ausflugsverkehr rund um den Dollart und ein beliebter Ausgangspunkt für Spaziergänge zum Emssperrwerk sowie zum „Ende der Welt“ am Dollart. Geklinkerte Gassen, schmucke Backsteinhäuser, Fischrestaurants und Aalräuchereien prägen das Ortsbild, markanteste Bauten sind der einem Leuchtturm nachempfundene Glockenturm (1846) neben der romanischen Kirche und die Windmühle, ein Galerieholländer von 1883. Hafenseitig ist in das Siel eine Steinplatte eingelas-

Warfendorf Rysum in der Krummhörn bei Emden nahe der Emsmündung.

sen, die an die Grundsteinlegung des ersten Ditzumer Siels am 28. Juli 1752 erinnert.

Petkum 08

Kirchdorf und Hafenort an der Ems, Stadtteil der Seehafenstadt Emden.

Der kleine **Hafen** des Dorfs Petkum an der Ems ist ein idyllischer Platz im Deichvorland, einem für die Vogelwelt wichtigen Rast- und Brutgebiet. Vom Aussichtsgerüst auf dem Sielwärterhaus fällt der Blick über die Ems hinweg zum Fischereihafen, der Windmühle und dem einem Leuchtturm nachgestalteten Kirchturm von Ditzum, dorthin fährt von Petkum aus eine kleine Fähre, die für Ausflüge ins Rheiderland genutzt wird; stromabwärts zeigt sich das Emssperrwerk bei Gandersum, am Fuß des Deichs erstreckt sich das Petkumer Deichvorland.

Kirche Im Mittelalter war Petkum Sitz verschiedener Häuptlinge, deren 1817 abgerissene Burg an der Mündung des Sieltiefs in die Ems stand. Einer dieser Häuptlinge, Gerd von Petkum († 1478), initiierte den Bau des spätgotischen Chorpolygons mit Strebepfeilern und fein gearbeitetem Fischblasenmaßwerk der Petkumer Kirche und stiftete dafür ein wertvolles Sandsteinrelief. Das Langhaus der Backsteinsaalkirche stammt wie bei vielen ostfriesischen Dorfkirchen aus dem ausgehenden 13. Jh.

Das **Petkumer Deichvorland** ist ein Vogelschutzgebiet längs der Ems zwischen dem Emssperrwerk bei Gandersum und dem Borssumer Siel mit weitem Blick auf die Meeresbucht Dollart. Ab September sind in den breiten Anlandungsbereichen Schwärme von Watvögeln und Enten zu beobachten, vom Herbst bis zum Frühjahr füllen Gänse ihre Fettreserven auf, ehe sie im Frühjahr den Rückflug in ihre Brutgebiete im Norden Europas antreten; dann beginnen die Sommervögel mit ihrem Brutgeschäft, und in den Wiesen finden sich Rotschenkel, Uferschnepfe, Kiebitze, Austernfischer und Säbelschnäbler ein.

Emden 10

Seehafenstadt an der Mündung der Ems, größte Stadt Ostfrieslands.

Der **Emder Wall** ist die in eine Grünanlage mit alten Baumbeständen umgewandelte ehemalige Stadtbefestigung aus der Zeit vor dem Dreißigjährigen Krieg. Einst bot er Schutz vor Angriffen, 1819 wurde er geschleift, heute ist er ein Paradies für Spaziergänge und Radtouren unter alten Linden, Ahornen und Buchen. Die Festungswerke auf den Bastionen wurden geschleift, der Wall selbst ist erhalten: Ein sich deutlich über die Umgebung erhebender Erdwall, auf dessen breiter Krone zwischen dem Jugendstil-Wasserturm nahe der Emder Kunsthalle, der Windmühle Vrouw Johanna und dem Gebiet der Kesselschleuse am Anfang des Ems-Jade-Kanals ein Spazier-, Rad- und Wanderweg verläuft; Informationstafeln berichten mit Texten, historischen Fotos und Lageplänen über die Geschichte markanter Orte.

Kesselschleuse Die als technisches Denkmal unter Schutz stehende Kesselschleuse am Beginn des Ems-Jade-Kanals ist die einzige Vier-Kammer-Schleuse Europas. Seit 1887 verbindet sie vier Wasserstraßen: den Emder Stadtgraben im Norden und das Fehntjer Tief im Süden, den Ems-Jade-Kanal im Osten und seine Verbindung zum Falderndelft. Der Wasserspiegel des Ems-Jade-Kanals und seiner stadtseitigen Verbindung zum Falderndelft liegt 2,25 m höher als der des Emder Stadtgrabens und des Fehntjer Tiefs. Der runde Kessel hat einen Durchmesser von 33 m und dient unter anderem als Schiffswendeplatz. Im Norden ist ihm eine Schleuse für kleinere Binnenschiffe vorgelagert; die Doppelschleuse im Süden ermöglicht den Verkehr größerer Schiffe zwischen dem Emder Hafen und dem Dortmund-Ems-Kanal ebenso wie die wassersparende Schleusung kleinerer Schiffe.

Vrouw Johanna auf dem Emder Wall ist ein dreistöckiger Galerieholländer von 1804 und eine der wenigen Mühlen, die noch mit Windkraft mahlen können. Der Windmühle angeschlossen ist eine Paddel-und-Pedal-Station (Kanu- und Radverleih) mit Übernachtungsmöglichkeit im ehemaligen Müllerhaus direkt neben der Mühle.

In kurzen Abstechern von der DEK-Radroute aus erreichbar:

Ratsdelft Der Ratsdelft vor dem Emder Rathaus bildet einschließlich seiner Umgebung den Mittelpunkt der Stadt, obwohl er längst seine alte Funktion als Hafen verloren hat. Im Delft ankern Museums- und Restaurantschiffe, an der Delfttreppe legen die Hafenrundfahrtschiffe ab, im Rathaus sind das Ostfriesische Landesmuseum und die Rüstkammer untergebracht, auf der Westseite des Delfts befinden sich das historische Hafentor und das Otto Huus, während am Stadt-

Der Ratsdelft im Herzen der Emder Altstadt.

garten nördlich des Delfts Straßencafés zur Rast einladen und im Info-Pavillon eine Dépandance der Touristik-Information und Zimmervermittlung der Stadt ihren Sitz hat. Bei klarer Sicht lohnt die Besteigung des Rathausturms: Hier bietet sich ein eindrucksvoller Blick auf die Emder Stadt- und Hafenlandschaft, auf die Krummhörn und das Brookmerland.

Kunsthalle Die Emder Kunsthalle ist ein Museum der klassischen Moderne (Brücke, Blauer Reiter, Expressionismus, Neue Sachlichkeit, Bauhaus) sowie von Strömungen der Nachkriegszeit (Informel, konzeptioneller Realismus, Neoexpressionismus, Neue Wilde, Fotorealismus). Der Schwerpunkt liegt bei deutschen Künstlern, hinzu kommen eine Sammlung russischer „Glasnost"-Malerei der 80er Jahre sowie Wechselausstellungen. Aufgebaut wurde die Sammlung von dem Emder Henri Nannen (1913–1996), dem Gründer und jahrzehntelangen Chefredakteur und Herausgeber der Illustrierten „stern". Der Kunsthalle angegliedert ist unter anderem das Restaurant-Café am Hinter Tief. Emder Kunsthalle, Hinter dem Rahmen 13, Tel. 04921/97500, www.kunsthalle-emden.de

Tourismusinformation siehe ab S. 134
Übernachtungsverzeichnis siehe ab S. 136

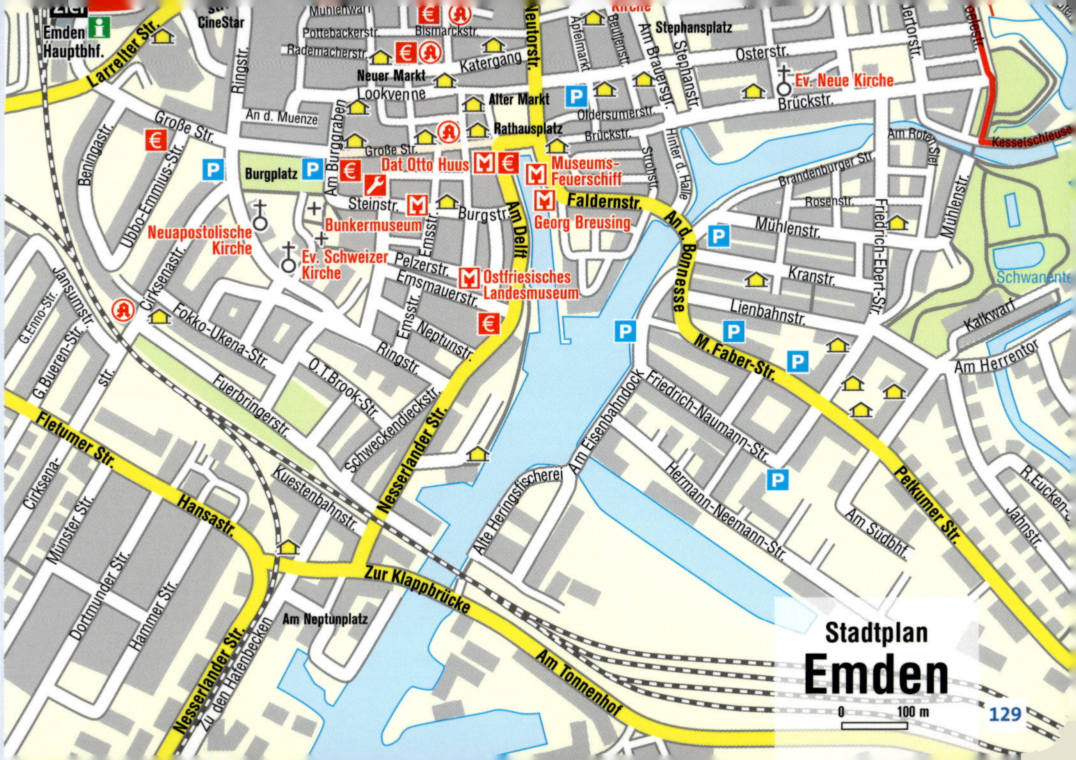

Reiseinformationen

ÖFFENTLICHE VERKEHRSMITTEL

Alle Start- und Zielorte sowie mehrere Etappenziele liegen an Bahnlinien, sodass die Rückkehr zum Ausgangsort mit maximal einmal Umsteigen, meist ohne Umsteigen problemlos möglich ist. Die zahlreichen Bahnhöfe ermöglichen auch problemlos An- und Abreise bei individuell gewählten Ein- bzw. Ausstiegsorten am Emsradweg.
Die Hauptbahnstrecken sind:
Rheda-Wiedenbrück–Warendorf–Telgte–Münster und Münster–Rheine–Meppen–Emden.

VERANSTALTUNGEN AM EMSRADWEG

Gimbter Kleinkunstmarkt

Das pittoreske Emsdorf Gimbte verwandelt sich an einem August-Wochenende in einen Kleinkunstmarkt. Die Qualität der kunsthandwerklichen Angebote und die malerische Kulisse des Dorfs haben den Gimbter Kleinkunstmarkt weit über das Münsterland hinaus bekannt gemacht, Gimbtes Gastronomen tischen regionale Spezialitäten auf.

Harener Pünte-Tage

Die Harener Pünte-Tage sind ein maritimes Volksfest an einem Wochenende im frühen Herbst. Das Harener Shanty-Festival eröffnet am Samstag die Großveranstaltung mit dem Sternmarsch mehrerer Chöre zum Emslanddom. In den Emswiesen findet ein historischer Schiffermarkt statt, auch die Chöre schmettern Seemannslieder in den Emswiesen, der Eintritt ins Schifffahrtsmuseum ist frei, abends finden Lampionfahrten auf der Ems statt, das Feuerwerk „Emsleuchten“ beschließt den ersten Pünten-Tag. Ein Gottesdienst im Festzelt mit anschließendem Platzkonzert eröffnet am Sonntag den zweiten Pünten-Tag.
Info: www.puente-tage.de

Hövelhofer Heideblütenfest

Die Heidschnucken-Schäferei Hövelhof veranstaltet ihren Tag der offenen Tür, das Heideblütenfest.

Warendorfer Open Air Festival

Das Nordrhein-Westfälische Landgestüt in Warendorf veranstaltet Mitte August sein Open Air Festival. Es besteht aus der „Symphonie der Hengste“, dem Familientag und einem Live-Konzert.

Warendorfer Hengstparaden

An drei Sonntagen und einem Mittwoch Ende September/Anfang Oktober lädt das Nordrhein-Westfälische Landgestüt Warendorf zu seinen traditionellen Hengstparaden ein.

ZENTRALE INFORMATIONSSTELLEN

Emsland

Emsland Touristik, Ordeniederung 1, 49716 Meppen, Tel. 05931/442266, www.emsland-touristik.de

Münsterland

Münsterland Tourismus, Airportallee 1, 48268 Greven, Tel. 02571/949392, www.muensterland-tourismus.de

Ostfriesland

Ostfriesland Tourismus, Ledastraße 10, 26789 Leer/Ostfriesland, Tel. 0491/91969660, www.ostfriesland.de

Ruhrgebiet

Ruhr Visitor Center Dortmund, Dortmunder U, Leonie-Reygers-Terrasse 2, 44137 Dortmund, Tel. 0231/5029450, www.ruhr-tourismus.de

FAHRRADVERLEIH

In Verbindung mit der Buchung eines Pauschal-Angebots besteht seit 2012 die Möglichkeit, auf das eigene Rad zu verzichten und den Emsradweg mit einem hochwertigen „EmsRad“ zu bereisen. An acht Verleihstationen entlang des Radwegs können die Räder zu Beginn der Tour entgegengenommen und am Ende wieder abgegeben werden. So lassen sich auch Teiletappen des Emsradwegs bequem bereisen. Den Rücktransport organisiert die Systemzentrale Pro Arbeit e.V. aus Rheda-Wiedenbrück. Neben einer komfortablen Ausstattung sorgt eine regelmäßige Wartung und Reparatur der Räder durch die Systemzentrale dafür, dass auf dem EmsRadweg jederzeit qualitativ hochwertige Leihräder zur Verfügung stehen.

Vermietet werden die Räder stellvertretend für die Interessengemeinschaft EmsRadweg von der Sennegemeinde Hövelhof. Gebucht werden können die EmsRäder in Verbindung mit einer Übernachtungspauschale über die fünf Buchungsstellen des EmsRadweges.

Entleih- und Rückgabestationen für EmsRäder:
Hövelhof / Rheda-Wiedenbrück / Warendorf / Greven / Rheine / Meppen / Papenburg / Emden

Buchungsstellen-Info:
Flora Westfalica, Mittelhegge 11, 33378 Rheda-Wiedenbrück, Tel. 05242/930116
Münsterland e. V., Airportallee 1, 48268 Greven, Tel. 02571/949392
Emsland Touristik GmbH, Ordeniederung 2, 49716 Meppen, Tel. 05931/442266
Touristik GmbH Südliches Ostfriesland, Ledastraße 10, 26789 Leer, Tel. 0491/91969620

FAHRRADVERLEIH UND FAHRRADSTATIONEN

Delbrück: Bernhard Strunz GmbH, Oststraße 20, Tel. 05250/930536
Ditzum: Paddel- und Pedalstation Ditzum, An't Stauwerk, Jemgum-Ditzum, Tel. 0171/5068570
Dörpen: Fahrräder Albers, Hauptstr. 22,Tel. 04963/4948; Zweirad Hackmann, Gewerbegebiet Süd 12, Tel. 04963/734; Hollrad Zweirad GmbH, Eichenstr. 3, 26892 Dörpen-Kluse (Ahlen), Tel. 04963/8736

Emden: Paddel- und Pedal Station Emden, Am Marienwehrster Zwinger 13, Tel. 0160/3692739; Fahrradspezialist Baltrusch-Conradi, Neutorstr. 73, Tel. 04921/21110; Fahrrad Oltmanns KG, Große Str. 47, Tel. 04921/31444; Doctor Reinhard und Sohn GmbH, Petkumer Str. 298, Tel. 04921/51451
Emsbüren: Zweirad Günther Schülting, Eschstr. 33, Tel. 05903/941132; Theo Kock – Ford Autohaus und Zweiräder, Bahnhofstr. 7, Tel. 05903/6544
Emsdetten: Zweirad Müllmann, In der Lauge 44, Tel. 02572/2934; Radsport Homann, Borghorster Str. 22, Tel. 02572/86425; Zweirad Dütsch, Münsterstr. 10-12, Tel. 02572/9607974; Zweirad Beike, Rheiner Str. 99, Tel. 02572/952240; Zweirad Tippkötter, Nordwalder Str. 28, Tel. 02572/4792

Geeste: Tankstelle G. Stroot Fahrrad- und KFZ Reparaturservice, Achterhauck 20; Greve, Hermann, Lingener Str. 25, Tel. 05937/8263
Greven: Zweirad Dütsch, Münsterstr. 79, Tel. 02571/97555; Tobi Rad-Manufaktur, Münsterstr. 73, Tel. 02571/5886460; Homann Fahrradgeschäft, Saerbecker Str. 48, Tel. 02571/560480
Gütersloh: Radstation am Bahnhof, Willy-Brandt-Platz 1, Tel. 05241/12959; Radsport Schiffner GmbH, Carl-Bertelsmann-Str. 42, Tel. 05241/15911; K&K Radel Shop, Brockhägerstr. 25, Tel. 05241/300022; Reipschläger GmbH, Münsterstr. 8, Tel. 05241/13580; Fahrrad Peitz, Brockhägerstr. 5, Tel. 05241/37467

Haren: Zweirad Wermes,Dankerner Weg 2,Tel. 05932/902359; Fahrradhandlung Bernhard Herbers, Martkwinkel 13, Tel. 05932/2244
Harsewinkel: Die Speiche GbR,Klosterstr. 8,Tel. 05247/406140, Zweirad Laumann, August-Claas-Str. 60, Tel. 05247/2107; Breitenstein Fahrräder, Ostheide 30, Tel. 05247/5927; Rahe Bike Design, Sienstr. 1, Tel. 05247/80044; Fahrräder & Zubehör A. Zinselmeier, Schwarzer Weg 17, Tel. 02588/343
Herzebrock-Clarholz: Pump Up Fahrradmeisterbetrieb, Clarholzer Str. 24, Tel. 05245/9219980
Hövelhof: Zweiräder Alois Sieweke, Paderborner Str. 11, Tel. 05257/3283

Lathen: Hans Thesing, Meppener Str. 2, Tel. 05933/225; Paddel- und Pedal Station, Fährstr. 6, Tel. 0491/91969630
Leer: Fahrrad Oase Axel Roth, Bremer Str. 27, Tel. 0491/15115; Fahrrad Oltmanns KG; Heisfelder Str. 1-5, Tel. 0491/66620; Fahrräder Hajo Otten Inh. Nils Dreier, Heisfelder Str. 33, Tel. 0491/2430, Paddel- und Pedalstation Loga, Fährstr. 6, 26789 Leer-Loga, Tel. 0491/91969630
Lingen: Radel Bluschke, Rheiner Str. 126, Tel. 0591/58090; Krone Radschlag, Nordhorner Str. 22, Tel. 0591/3054; Zweirad Korth, Am Hundesand 3, Tel. 0591/3001, Rad & Roller, Kaiserstr. 14, Tel. 0591/9669433; Zweiräder Roth, Meppener Str. 17, Tel. 0591/62310

Meppen: C. & H. Augustin GmbH, Emsstr. 6-8, Tel. 05931/4099200; Der Fahrradladen Janknecht, Burgstr. 3-8, Tel. 05931/12261, Zweirad Krallmann, Schullendamm 55, Tel. 05931/13225, Hase-Ems Rad-Reise-Service, An der Bleiche, Tel. 05432/599599
Münster: Radstation Münster Hundt KG, Berliner Platz 27 A, Tel. 0251/4840170

Papenburg: Fahrräder J. Griep, Grader Weg 19 26871, Tel. 04961/76443; Zweirad M. Menken, Poststr. 9, Tel. 04962/273; Fahrzeughaus Meyer, Spittlingkanal Re. 48, Tel. 04961/73470; Fahrräder GZM, Von-Herz-Str. 9, Tel. 04961/992245

Rheda-Wiedenbrück: Butschko oHG, Herzebrocker Str. 12, Tel. 05242/43161; Bikers Point, Lange Str. 12, Tel. 05242/57402; Pro Arbeit e.V., Stromberger Str. 154, Tel. 05242/377195; Magerkohl Zweiräder, Hauptstr. 206, Tel. 05242/42107, Radstation am Bahnhof Rheda-Wiedenbrück, Bahnhofsplatz 16, Tel. 05242/938901
Rhede: Fahrrad Holzkamp, Deichstr. 28, Tel. 02872/1506
Rheine: Räder & mehr Klaus Lübke, Am Thietor 2A, Tel. 05971/4010467; Zweiräder Deppen GmbH, Ludgeriestr. 27, Tel. 05971/71014; Zweiradcenter Schröder GmbH, Staelskottenweg 75, Tel. 05971/89910, Radstation am Bahnhof Rheine, Am Hauptbahnhofe 6, Tel. 05971/162903

Rheine-Mesum: Fietzenflicker Zweiradhandel und Reparatur, Feuerstiege 5, Tel. 05975/919952
Rietberg: Fahrrad Golz, Lange Str. 111, Tel. 05244/924990; Zweiradservice Kollenberg, Langestr. 24, (Rietberg-Neuenkirchen), Tel. 05244/3333; Karl-Heinz Stükerjürgen, Hauptstr. 19, (Rietberg-Varensell), Tel. 05244/2281

Sassenberg: Zweirad Roß, Schürenstr. 7, Tel. 02583/1005; Pedalo Zweiradgeschäft, Müllerstr. 1, Tel. 02583/4245

Telgte: M. Klefisch, Königstr. 21, Tel. 02504/3847; Fahrradhandel König, Grabenstr. 1, Tel. 02504/77119

Warendorf: Radstation am Bahnhof Warendorf, Bahnhofstr. 11, Tel. 02581/7899770; Zweirad Schmidt, Warendorfer Str. 45, Tel. 02581/4131; Zweiradcenter Dalhues, Andreasstr. 39, Tel. 02851/633735; Fahrradgeschäft Neehus, Oststr. 19, Tel. 02581/2558; Fahrradtechnik R. Konermann, Dreesstr. 7, Tel. 02581/4264; Zweirad Eckhoff, Bahnhofstr. 4, Tel. 04951-955988
Weener: Paddel-und-Pedal-Station Weener, Zum Schöpfwerk, Tel. 0171/5068570

Orte/Tourismusbüros

BEELEN
Gemeindeverwaltung
Warendorfer Straße 9, 48361 Beelen,
Tel. 02586/8870,
www.beelen.de

DELBRÜCK
Stadtverwaltung
Lange Straße 45,
33129 Delbrück,
Tel. 05250/996112,
www.stadt-delbrueck.de

DITZUM
Verkehrsverein Ems-Dollart
Am Hafen 1,
26844 Jemgum-Ditzum,
Tel. 04902/912000,
www.ditzum-touristik.de

DÖRPEN
Touristikverein
Hauptstraße 25 A,
26892 Dörpen,
Tel. 04963/909614,
www.touristikverein-samtgemeinde-doerpen.de

EMDEN
Tourist-Information
Bahnhofsplatz 11,
26721 Emden,
Tel. 04921/97400,
www.emden-touristik.de

EMSBÜREN
Verkehrverein
Papenstraße 15,
48488 Emsbüren,
Tel. 05903/935758,
www.vvv-emsbueren.de

EMSDETTEN
Verkehrsverein
Friedrichstraße 1-2,
48282 Emsdetten,
Tel. 02572/93070,
www.emsdetten.de

GEESTE
Gemeindeverwaltung
Am Rathaus 3,
49744 Geeste-Dalum,
Tel. 05937/690,
www.geeste.de

GREVEN
Verkehrsverein
Alte Münsterstraße 23,
48268 Greven,
Tel. 02571/1300,
www.greven.net

GÜTERSLOH
ServiceCenter/Tourist-Info
Berliner Straße 63,
33330 Gütersloh,
Tel. 05241/211360,
www.guetersloh.de

HAREN
Tourist-Information
Neuer Markt 1,
49733 Haren (Ems),
Tel. 05932/8225,
www.haren.de

HARSEWINKEL
Bürgerdienst Fremdenverkehr
Münsterstraße 14,
33428 Harsewinkel,
Tel. 05247/935182,
www.harsewinkel.de

HEEDE
Touristikverein
Hauptstraße 25 A,
26892 Dörpen,
Tel. 04963/909614,
www.doerpen-touristik.de und
www.heede-ems.de

HINTE
Tourist-Info
Brückstraße 11
(in der Windmühle),
26759 Hinte,
Tel. 04925/990106,
www.hinte.de

HÖVELHOF
Verkehrsverein,
Tourist-Info im Rathaus
Schlossstraße 14,
33161 Hövelhof,
Tel. 05257/5009215,
www.hoevelhof.de

HÖRSTEL
Touristikinformation
Kalixtusstraße 6,
48477 Hörstel-Riesenbeck,
Tel. 05454/911112,
www.hoerstel.de

JEMGUM
Gemeindeverwaltung
Hofstraße 2,
26844 Jemgum,
Tel. 04958/91810,
www.jemgum.de

LEER (Ostfriesland)
Tourist-Information
Ledastraße 10,
26789 Leer,
Tel. 049191/969670,
www.leer.de

IBBENBÜREN
Tourist Information
Bachstraße 14,
49477 Ibbenbüren,
Tel. 05451/5454540,
www.ibbenbueren.de

LATHEN
Gäste-Info-Service
Haus des Gastes, Große Str. 3,
49762 Lathen,
Tel. 05933/6647,
www.lathen.de

LINGEN
Wirtschaft & Tourismus
Neue Straße 3 A,
49808 Lingen/Ems,
Tel. 0591/9144145,
www.lingen.de

MEPPEN
Tourist Information
Markt 4, 49716 Meppen,
Tel. 05931/153106,
www.meppen.de

MOORMERLAND
Tourist-Information
Dr.-Warsing-Straße 79,
26802 Moormerland,
Tel. 04954/937871,
www.moormerland.de

MÜNSTER
Tourist Info
Heinrich-Brüning-Str. 9,
48143 Münster,
Tel. 0251/4922710,
www.muenster.de

LADBERGEN
Tourist Information
Alte Schulstraße 1,
49549 Ladbergen,
Tel. 05485/3635,
www.ladbergen.de

LÜDINGHAUSEN
Lüdinghausen Marketing
Borg 11,
59348 Lüdinghausen,
Tel. 02591/78008,
www.luedinghausen.de

OELDE
Touristinformation Forum Oelde
Herrenstraße 9,
59302 Oelde,
Tel. 02522/72800,
www.oelde.de

OSTBEVERN
Verkehrsverein
Am Rathaus 1,
48346 Ostbevern,
Tel. 02532/8217,
www.ostbevern.de

PAPENBURG
Tourist Info auf der Brigg
Friederike Hauptkanal
rechts 68/69,
26871 Papenburg,
Tel. 04961/83960;

Tourist Info im Papenburger Zeitspeicher
Ölmühlenweg 21,
www.papenburg-tourismus.de

RHAUDERFEHN
Rhauderfehn-Info 1
Südwieke 2 A,
26817 Rhauderfehn,
Tel. 04952/903230,
www.rhauderfehn.de

RHEDA-WIEDENBRÜCK
Flora Westfalica
Mittelhegge 11,
33378 Rheda-Wiedenbrück,
Tel. 05242/93010,
www.flora-westfalica.de

RHEINE
Verkehrsverein
Bahnhofstraße 14,
48431 Rheine,
Tel. 05971/800650,
www.rheine.de

RIETBERG
Touristikinformation
Rathausstraße 36,
33397 Rietberg,
Tel. 05244/9860,
www.rietberg.de

SAERBECK
Gemeindeverwaltung
Ferriéres-Straße 11,
48369 Saerbeck,
Tel. 02574/890,
www.saerbeck.de

SALZBERGEN
Gemeindeverwaltung
Franz-Schratz-Straße 12,
48499 Salzbergen,
Tel. 05976/94790,
www.salzbergen.de

TELGTE
Tourismus + Kultur
Kapellenstraße 2,
48291 Telgte,
Tel. 02504/690100,
www.telgte.de

WARENDORF
Verkehrsverein
Emsstraße 4,
48231 Warendorf,
Tel. 02581/787700,
www.warendorf.de

WEENER
Tourist Information
Osterstr. 1 (im Rathaus),
26826 Weener/Ems,
Tel. 04951/30510,
www.weener.de

WESTOVERLEDINGEN
Tourist Information
Deichstraße 7 A
(Freizeitpark Am Emsdeich),
26810 Westoverledingen,
Tel. 04955/920040,
www.westoverledingen.de
www.overledingerland.de

Übernachtungsverzeichnis

€ = unter 30 EUR; **€€** = 30 bis 60 EUR; **€€€** = über 60 EUR Preis pro Person in DZ, incl. Frühstück

BEELEN
PLZ: 48361, Tel. (0)2586

Pension Zum Brachvogel (€), Hemfeld 7, Tel. 1034, www.pension-brachvogel.de

DELBRÜCK
PLZ: 33129, Tel. (0)5250

Haus Delbrück (€), Frankenweg 1, Tel. 970747, www.monteurehausdelbrueck.de

Hotel-Gasthaus Appel-Krug (€€), Oststraße 11, Tel. 97890, www.appel-krug.de

Landhotel Garni Wiesengrund (€€), Hellenkamp 20, Tel. 98690, www.zum-wiesengrund.de

DELBRÜCK-SCHÖNING
PLZ: 33129, Tel. (0)5250

Landrestaurant Schnittker (€€), Schöningerstraße 88, Tel. 8666, www.landrestaurant-schnittker.de

DELBRÜCK-WESTENHOLZ
PLZ: 33129, Tel. (0)2944

Westenholz (€€), Knäppenstraße 9, Tel. 979960, www.hotel-westenholz.de

DERSUM
PLZ: 26906, Tel. (0)4963

Zur Silbernen Gans (€-€€), Hauptstraße 24, Tel. 1717, www.silberne-gans.de

DÖRPEN
PLZ: 26892, Tel. (0)4963

Akzent Hotel Borchers (€€), Neudörpener Str. 48, Tel. 91930, www.hotel-borchers.de

Hotel Emsländer Hof (€€), Heeder Straße 65, Tel. 8969, www.emslaenderhof.de

Hotel-Rasthaus Knevel (€€), Bundesstr. 70 200, Tel. 8931

EMDEN
PLZ: 26721, Tel. (0)4921

Hotel Goldener Adler (€€), Neutorstraße 5, Tel. 92730, www.goldener-adler-emden.de

Hotel Am Kleinbahnhof (€€), Am Kleinbahnhof-Ost 7, Tel. 91650, www.amkleinbahnhof.de

Haus Utsicht (€-€€), Eckersweg 33, Tel. 929610, www.emsradweg.de

Fahrradhotel Gazelle (€€), Courbièrestraße 9, Tel. 97520, www.hotel-in-emden.de

Ferienwohnung Peters (€), Am Gasthaus 2A, Tel. 25681, www.ferienwohnungemden.de

Hotel Faldernpoort (€€-€€€), Courbièrestraße 6, Tel. 97520, www.hotel-in-emden.de

Hotel Prinz Heinrich (€€), Wolthuser Straße 19-21, Tel. 93180, www.hotel-prinzheinrich.de

Rathaus-Stübchen (€€), Brückstraße 5, Tel. 33122, www.pension.de

Jugendherberge Emden (€), An der Kesselschleuse 5, Tel. 23797, www.emden.jugendherberge-nordwesten.de

EMSBÜREN
PLZ: 48488, Tel. (0)5903

Hotel-Restaurant Emsländischer Hof (€€), Lange Straße 3-5, Tel. 362, www.emslaendischer-hof.de

Landgasthof Evering (€€), Lange Straße 24, Tel. 294, www.landgasthof-evering.de

Campingplatz Zum alten Fährhaus (€), Emsstraße 56, Tel. 207, www.zum-alten-faehrhaus.de

EMSDETTEN
PLZ: 48282, Tel. (0)2572

Altes Gasthaus Lanvers (€€), Dorfstraße 11, Tel. 15090, www.hotel-lanvers.de

Hotel Restaurant Lindenhof (€€), Alte Emsstraße 7, Tel. 9260, www.lindenhof-emsdetten.de

Kanu- und Campingplatz Bisping-Waldesruh (€), Emsstraße 100, Tel. 2882, www.camping.de

GEESTE-DALUM
PLZ: 49744, Tel. (0)5937

Ferienhof Grewe (€), Mühlenstraße 35, Tel. 8454, www.geeste.de

Ferienwohnung Meike (€), Ilexweg 9, Tel. 4241300, www.geeste.de

Hotel-Restaurant Zur Krone (€€), Osterbrockerstraße 106, Tel. 947690, www.hotel-krone-geeste.de

Gasthof-Hotel Aepken (€€), Wietmarscher Damm 10-12, Tel. 98750, www.aepken.de

GEESTE-GROSS HESEPE PLZ: 49744, Tel. (0)5937

Gasthof-Hotel Germer-Möller (€€), Meppener Str. 117, Tel. 913346, www.germer-moeller.de

GREVEN PLZ: 48268, Tel. (0)2571

Ferienpark Westheide (€), Altenberger Straße 23, Tel. 560701, www.campingplatz-westheide.de
Ferienpark Westheide (€€), Altenberger Straße 23, Tel. 560701, www.campingplatz-westheide.de

GREVEN-GIMBTE PLZ: 48268, Tel. (0)2571

Altes Wirtshaus Kaltefleiter (€€), Alter Fährweg 6, Tel. 95420, www.gimbte.de
Hotel Schraeder (€€), Dorfstraße 29, Tel. 9220, www.hotel-schraeder.de

HAREN-ALTHAREN PLZ: 49733, Tel. (0)5932

Altharener Pension Imholte (€-€€), Claudiusstraße 7, Tel. 1748, www.pension-imholte.de
Hotel & Restaurant Hagen (€€), Wesuweer Straße 40, Tel. 72990, www.hotel-hagen.de

HAREN-EMS PLZ: 49733, Tel. (0)5932

Hotel Greive (€€), Nordstraße 10, Tel. 72770, www.hotel-greive.de
Pension Haus Emsblick (€€), Nikolausweg 15, Tel. 3484, www.haus-emsblick.de

HARSEWINKEL PLZ: 33428, Tel. (0)5247

Gästehof Meier-Westmeyer (€€), Bielefelder Straße 3, Tel. 98780, www.westmeyer.de
Hotel Amadis (€€), Münsterstraße 2, Tel. 926020, www.amadishotel.de
Hotel Haus Bergmann (€€), Gütersloher Straße 31, Tel. 2008, www.hotel-bergmann.com
Hotel und Restaurant Poppenborg (€€), Brockhäger Straße 9, Tel. 2241, www.hotel-poppenborg.de
Amadis Hotel & Bella Cafe Restaurant Bar (€€), Münsterstraße 2, Tel. 926020, www.amadis-bella.de

HARSEWINKEL-GREFFEN PLZ: 33428, Tel. (0)2588

Hotel zur Brücke (€€), Hauptstraße 38, Tel. 890, www.hotel-zur-bruecke.de

HEEDE PLZ: 26892, Tel. (0)2588

Ferienwohnung + Pension Mauer (€-€€), Mühlenstraße 1, Tel. 990570, www.fewo-mauer.de
Hotel Zur Linde (€€), Dörpener Straße 1, Tel. 91690, www.zur-linde-heede.de

HINTE BEI EMDEN PLZ: 26759, Tel. (0)4925

Hotel Novum (€€), Am Tennistreff 1, Tel. 92180, www.novum-hotel.de

HÖRSTEL-RIESENBECK PLZ: 48477, Tel. (0)5454

Gästehaus Am Hermann (€€), Beethovenstraße 5, Tel. 7477, www.gaestehaus-am-hermann.de

HÖRSTEL-BEVERGERN PLZ: 48477, Tel. (0)5459

Akzent Hotel Saltenhof (€€), Kreimershoek 71, Tel. 80500, www.saltenhof.de

HÖRSTEL PLZ: 48477, Tel. (0)5459

Campingplatz Hertha-See (€), Herthaseestraße 70, Tel. 1008, www.hertha-see.de

HÖRSTEL-DREIERWALDE PLZ: 48477, Tel. (0)5978

Sasse Hotel & Gastronomie (€€), Hauptstraße 12, Tel. 236, www.hotel-sasse.de

HÖRSTEL-OSTENWALDE PLZ: 48477, Tel. (0)5459

Landhotel Altmann (€€), Ostenwalder Straße 109, Tel. 971200, www.landhotel-altmann.de

HÖVELHOF PLZ: 33161, Tel. (0)5257

Gasthof Kersting (€€), Sennestraße 95, Tel. 940313, www.gasthofkersting.de
Hotel Victoria (€€), Bahnhofstraße 35, Tel. 93770, www.hotelvictoria-hoevelhof.de
Hotel-Gasthof Brink (€€), Allee 38, Tel. 3223, www.hotelvictoria-hoevelhof.de
Hotel-Restaurant Piaerdestall (€€), Gütersloher Straße 245, Tel. 2244, www.piaerdestall.de

IBBENBÜREN PLZ: 49479, Tel. (0)5451

Campingplatz Dörenther Klippen (€), Münsterstraße 419, Tel. 2553, www.campingplatz-doerenther-klippen.de

IBBENBÜREN
PLZ: 49479, Tel. (0)5451

Hotel Brügge (€€), Münsterstraße 201, Tel. 94050, www.hotel-bruegge.de
Campingplatz Zum Eichengrund (€), Im Brook 2, Tel. 521, www.eurocampings.de

IBBENBÜREN-LAGGENBECK
PLZ: 49479, Tel. (0)5451

Hotel-Landgasthof Mühlenkamp (€€), Bocketalerstraße 142, Tel. 996420, www.landgasthof-muehlenkamp.de

JEMGUM-DITZUM
PLZ: 26844, Tel. (0)4902

Hotel am Fischerhafen (€€), Am Tief 1, Tel. 1206, www.hotel-am-fischerhafen.de

LADBERGEN
PLZ: 49549, Tel. (0)5485

Campingplatz Waldsee (€), Waldseestraße 81, Tel. 1816, www.waldsee-camping.de
Hotel Restaurant Gasthaus Zur Post (€€), Dorfstraße 11, Tel. 93930, www.gastwirt.de
Hotel-Restaurant Timpen (€€), Lengericher Straße 2, Tel. 2133, www.timpen.de
Regenbogen Camp (€), Buddenkuhle 1, Tel. 96353, www.ladbergen.de
Reiterhof Westerfeld (€€), Westerweg 106, Tel. 2440, www.tegelmann.de

LATHEN
PLZ: 49762, Tel. (0)5933

Hotel Lathener Marsch (€€), Marschstraße 4, Tel. 934510, www.hotel-lathener-marsch.de

LATHEN-MELSTRUP
PLZ: 49762, Tel. (0)5933

Landgasthaus Lindenhof (€€), Melstrup Nr. 12, Tel. 4090, www.ewetel.net

LATHEN-NIEDERLANGEN
PLZ: 49762, Tel. (0)5933

Landgasthaus Zur Emsbrücke (€€), Latherfähr 6, Tel. 8597, www.zur-emsbruecke.de

LEER/OSTFRIESLAND
PLZ: 26789, Tel. (0)491

Jugendherberge Leer (€), Süderkreuzstraße 7, Tel. 2126, www.jugendherbergen-nordwesten.de

LINGEN/EMS
PLZ: 49808, Tel. (0)591

Altes Landhaus (€€), Lindenstraße 45, Tel. 804090, www.alteslandhaus.de
Appart House (€€), Herrenkamp 19, Tel. 912010, www.apparthouse-lingen.de
Hotel Am Wasserfall (€€), Am Wasserfall 2, Tel. 8090, www.hotel-am-wasserfall.de
Hotel Ewald (€€), Waldstraße 90, Tel. 963150, www.hotel-ewald.de
Hotel Kolpinghaus (€€), Burgstraße 25, Tel. 912070, www.kolpinghaus-lingen.de
Privatzimmer Penné (€€), Burgstraße 29, Tel. 9664007

LINGEN/EMS-HOLTHAUSEN
PLZ: 49808, Tel. (0)591

Gasthof Plagge (€-€€), Biener Straße 11, Tel. 62379, www.gasthof-plagge.de
Ludwig-Windthorst-Haus (€-€€), Gerhard-Kues-Straße 16, Tel. 61020, www.lwh.de

LINGEN/EMS-BACCUM
PLZ: 49811, Tel. (0)591

Gasthof Hense (€-€€), Antoniusstraße 17, Tel. 610600, www.gasthof-hense.de

LINGEN/EMS-BRAMSCHE
PLZ: 49811, Tel. (0)5906

Gasthof Heskamp (€-€€), Bramscher Straße 29, Tel. 960096

LÜDINGHAUSEN-SEPPENRADE
PLZ: 59348, Tel. (0)2591

Bauernhofpension Löbbert (€€), Leversum 19, Tel. 987072, www.bauernhofpension-loebbert.de
Campingplatz Ludwig Overhage (€), Ondrup, Am Kanal 20, Tel. 8649, www.luedinghausen-tourismus.de
Campingplatz Kanalufer-Sikora (€), Ondrup 16, Tel. 8219, www.campingplatz-kanalufer.de
Campingplatz Borkenberge (€), Leversum 85, Tel. 1780, www.campingplatz-borkenberge.de
Hotel Mutter Siepe (€€), Träppken 1, Tel. 8191, www.muttersiepe.de
Pension Kock (€€), Birkenweg 5, Tel. 8136, www.muttersiepe.de
Schrey Ferienwohnungen (€€), Emkum 49, Tel. 5574, www.ferienwohnung-schrey.de
Hotel Zur Post (€€), Wolfsberger Str. 11, Tel. 91900, www.hotel-zur-post-lh.de
Borgmann's Hotel & Restaurant (€€), Münsterstraße 17, Tel. 9474064, www.hotel-borgmann.de

MEPPEN PLZ: 49716, Tel. (0)5931

Bauerngasthof-Café Übermühlen (€€), Übermühlen 8, Tel. 2805, www.bauerngasthof.de
Hotel Pöker (€€), Herzog-Arenberg-Straße 15, Tel. 4910, www.hotel-poeker.de
Hotel Schmidt am Markt (€€), Markt 17, Tel. 98100, www.hotel-schmidt-meppen.de
Hotel Tiek (€€), Junkerstr. 2, Tel. 495290, www.hotel-tiek.de
Hotel von Euch (€€), Kuhstr. 21, Tel. 4950100, www-hotelvoneuch.de
Landhotel Albers (€€), Hemsener Str. 21, Tel. 88770, www.landhotel-albers.de

MOORMERLAND-JHERINGSFEHN PLZ: 26802, Tel. (0)4954

B&B Hollandhaus (€), Georgswieke 128, Tel. 893901, www.bettundbike.de

MÜNSTER PLZ: 48143, Tel. (0)251

Hotel-Restaurant Überwasserhof (€€), Überwasserstraße 3, Tel. 41770, www.ueberwasserhof.de
Hotel Frönd (€€), Warendorferstr. 58, Tel. 133430, www.hotel-froend.de

PLZ: 48151, Tel. (0)251

Jugendgästehaus Aasee (€€), Bismarckallee 31, Tel. 530280, www.kjh-wl.de
Rossi's Bed & Breakfast (€€), Weseler Straße 63, Tel. 5348865, www.bedandbreakfastmuenster.de
Campingplatz Münster (€), Laerer Werseufer 7, Tel. 311982, www.camping-muenster.de

MÜNSTER-GIEVENBECK PLZ: 48161, Tel. (0)251

Bildungshaus Mariengrund (€-€€), Nünningweg 133, Tel. 871120, www.haus-mariengrund.de

MÜNSTER-GREMMENDORF PLZ: 48167, Tel. (0)251

Hotel-Restaurant Münnich (€€), Heeremansweg 13, Tel. 61870, www.hotelmuennich.de

MÜNSTER-HANDORF PLZ: 48157, Tel. (0)251

Romantik Hotel Hof zur Linde (€€), Handorfer Werseufer 1, Tel. 32750, www.hof-zur-linde.de

MÜNSTER-HILTRUP PLZ: 48165, Tel. (0)251

Hotel Ambiente (€€), Marktallee 44, Tel. 27760, www.hotel-ambiente-muenster.de

MÜNSTER-KREUZVIERTEL PLZ: 48147, Tel. (0)251

Hotel Haus Wienburg (€€), Kanalstr. 237, Tel. 2012800, www.hotel-wienburg.de

MÜNSTER-MAURITZ PLZ: 48145, Tel. (0)251

Haus vom Guten Hirten (€€), Mauritz-Lindenweg 61, Tel. 37870, www.hotel-guter-hirte.de

MÜNSTER-ROXEL PLZ: 48161, Tel. (0)251

GALA Gästeapartment Langkamp (€), Könemannstraße 11, Tel. 7184694, www.gala-gästeapartment-langkamp-ms.de

OELDE-LETTE PLZ: 59302, Tel. (0)5245

Hotel-Restaurant Westermann (€€), Clarholzer Straße 26, Tel. 87020, www.hotel-westermann.de

OSTBEVERN PLZ: 48346, Tel. (0)2532

Gasthof Mersbäumer (€€), Loburg 47, Tel. 5180, www.mersbaeumer.de

PAPENBURG PLZ: 26871, Tel. (0)4961

Heuhotel & Ferienhof Schräder (€€), Lerchenweg 14, Tel. 7985, www.ferienhof-schraeder.de
Hotel Graf Luckner (€€), Hümmlinger Weg 2, Tel. 76057, www.hotel-graf-luckner.de
Hotel Walker (€€), Borkumer Straße 36, Tel. 2502, www.hotel-walker-papenburg.de
Jugendgästehaus Johannesburg (€), Kirchstraße 38, Tel. 809710, www.jugendgaestehaus-johannesburg.de
Park Inn Papenburg (€€), Hauptkanal rechts 7, Tel. 66400, www.pi-papenburg.com
Hotel Windjammer (€€), Am Vosseberg 84, Tel. 97720, www.windjammer-papenburg.de
Hotel Alt Papenburg (€€), Splitting Links 32, Tel. 76326, www.hotel-alt-papenburg.de

PAPENBURG-OBENENDE PLZ: 26871, Tel. (0)4961

Pension Alt Papenburg (€€), Splitting Links 32, Tel. 76326, www.pension-alt-papenburg.de

RHAUDERFEHN-HOLTE
PLZ: 26817, Tel. (0)4952

Storkenhus (€€), Posthauser Str. 13B, Tel. 895215, wwww.storkenhus.de

RHEDA-WIEDENBRÜCK
PLZ: 33378, Tel. (0)5242

Hotel am Doktorplatz (€€), Berliner Straße 19, Tel. 94250
Hotel-Restaurant Reuter (€€), Bleichstr. 3, Tel. 94520, www.hotelreuter.de
Hotel Sonne (€€), Hauptstraße 31, Tel. 93710, www.hotelsonne.de
Hotel Zur Wartburg (€€), Mönchstraße 4, Tel. 92520, www.hotel-zur-wartburg.de
Landgasthaus Albermann (€€), Beckumer Straße 22, Tel. 34642, www.landgasthaus-albermann.de
Romantik Hotel Ratskeller Wiedenbrück (€€), Markt 11, Tel. 9210, www.ratskeller-wiedenbrueck.de

RHEDE / EMS
PLZ: 26899, Tel. (0)4964

Gasthof-Café Prangen (€€), Kirchstraße 25, Tel. 215, www.gasthof-prangen.de
Gasthof Vosse-Schepers (€-€€), Emsstraße 6, Tel. 275, wwwvosse-schepers.de

RHEINE-MESUM
PLZ: 48432, Tel. (0)5975

Die Villa (€€), Feuerstiege 13, Tel. 8486, wwwvillamesum.de
Jugendherberge Rheine (€), Kopernikusstraße 82, Tel. 2407, www.djh-wl.de
Kloster Bentlage Rheine, Bentlager Weg 130, Tel. 918400, www.kloster-bentlage.de

RIETBERG
PLZ: 33397, Tel. (0)5244

Lind Hotel (€€), Am Nordtor 1, Tel. 700100, www.lind-hotel.de

SAERBECK
PLZ: 48369, Tel. (0)2574

Bauernhofpension Gildehaus (€-€€), Middendorf 27, Tel. 98822, www.pension-gildehaus.de

SALZBERGEN
PLZ: 48499, Tel. (0)5971

Plückers Gutsschänke Holsterfeld (€€), Feldstraße 30 , Tel. 70650, www.plueckers-gutsschaenke.de
Motel Autohof Salzbergen (€€), Holsterfeld 2, Tel. 97260, www.autohofsalzbergen.de

SELM
PLZ: 59379, Tel. (0)2592

Radler-Übernachtung & -Service (€), Beifanger Weg 84, Tel. 4065

SENDEN-BÖSENSELL
PLZ: 48308, Tel. (0)2597

Sendes Landhotel (€€), Kley 43, Tel. 99130, www.landhotel-sendes.de

SENDEN-GETTRUP
PLZ: 48308, Tel. (0)2597

Kranencamp Camping (€), Industriestraße 14, Tel. 239, www.kranencamp.de

SENDENHORST-ALBERSLOH
PLZ: 48324, Tel. (0)2535

Hotel Restaurant Geschermann (€€), Bahnhofstr. 21, Tel. 218, www.geschermann.de

SPELLE
PLZ: 48480, Tel. (0)5977

Hotel Krone (€€), Bernard-Krone-Straße 15, Tel. 93920, www.krone-hotel-spelle.de

TECKLENBURG-LEDDE
PLZ: 49545, Tel. (0)5482

Ferienwohnung Lammerskitten (€€), Sundernstraße 12, Tel. 7811, www.fewolammerskitten.de

TECKLENBURG
PLZ: 49545, Tel. (0)5482

Jugendherberge Tecklenburg (€), Am Herrengarten 5, Tel. 360, www.djh-wl.de

Tel. (0)5405

Truma-Campingpark (€), Grafenstraße 31, Tel. 1007

TECKLENBURG-BROCHTERBECK
PLZ: 49545, Tel. (0)5455

Landhaus Pension Upmeyer (€-€€), Dorfstraße 49, Tel. 1491

TELGTE
PLZ: 48291, Tel. (0)2504

Campingplatz Sonnenwiese an der Ems (€), Raestrup 4, Tel. 1763, www.campingplatz-sonnenwiese.de
Hotel Gästehaus zur Bever (€€), Grevener Str. 26, Tel. 98090, www.hotel-zur-bever.de

WALTROP PLZ: 45731, Tel. (0)2309

Haus der Handweberei (€€), Bahnhofstr. 95, Tel. 96090, www.hausderhandweberei.de

WARENDORF PLZ: 48231, Tel. (0)2581

Campingplatz Alsmann (€), Neuwarendorf 22A, Tel. 8986, www.kreis-warendorf.de

WARENDORF-MILTE PLZ: 48231, Tel. (0)2584

Pension Geva (€€), Telgenstraße 15, Tel. 8116, www.pensiongeva.de
Hotel Birkeneck (€€), Birkenweg 2, Tel. 1020, www.hotel-birkeneck.de

WEENER PLZ: 26826, Tel. (0)4951

Gästehaus am Deich (€), Friesenstraße 33, Tel. 955866, www.gaestehaus-am-deich.de
Hotel Am Rathaus (€€), Süderstraße 1, Tel. 948990, www.am-rathaus-weener.de
Hotel Pension Harmonie (€€), Friesenstraße 38, Tel. 955344, www.pension-harmonie.de

Heede: Dortmund-Ems-Kanal.

Register

Kartenempfehlung

Etappen Nr.	KOMPASS-Fahrradkarten Nr.
01	3062 Südlicher Teutoburger Wald, Senne, Paderborner Land
02	3051 Münster, Hamm, Gütersloh
03	3050 Münsterland, Hohe Mark; 3034 Grafschaft Bentheim, Lingen, Rheine
04	3034 Grafschaft Bentheim, Lingen, Rheine
05	3034 Grafschaft Bentheim, Lingen, Rheine; 3033 Emsland, Hümmling, Hasetal
06	3033 Emsland, Hümmling, Hasetal; 3032 Ostfriesland, Ammerland, Papenburg
07	3032 Ostfriesland, Ammerland, Papenburg; 3031 Ostfriesland West, Emden, Aurich

Maßstab: 1:70 000

IMPRESSUM

Verlagsnummer 6030
ISBN 978-3-85026-755-7

Text und Fotos (soweit nicht anders angegeben): Bernhard Pollmann

Titelbilder:
Bild links: Blick vom Campener Leuchtturm auf das Wattenmeer
Bild Mitte: Unterwegs auf dem Emsradweg
(Foto: Emsland Touristik GmbH)
Bild rechts: Die Friesenbrücke über die Ems bei Weener

Grafische Herstellung: wt-BuchTeam, Garching a.d.Alz
Wanderkartenausschnitte: © KOMPASS-Karten GmbH, Innsbruck
Gestaltung und Konzeption: fpm, Factor Product GmbH, München

Haftungsausschluss

Alle Angaben und Routenbeschreibungen wurden nach bestem Wissen gemäß unserer derzeitigen Informationslage gemacht. Die Radtouren wurden sehr sorgfältig ausgewählt und beschrieben, Schwierigkeiten werden im Text kurz angegeben. Es können jedoch Änderungen an Wegen und im aktuellen Naturzustand eintreten. Radfahrer und alle Kartenbenützer müssen darauf achten, dass aufgrund ständiger Veränderungen die Wegzustände bezüglich Befahrbarkeit sich nicht mit den Angaben in der Karte decken müssen. Bei der großen Fülle des bearbeiteten Materials sind daher vereinzelte Fehler und Unstimmigkeiten nicht vermeidbar. Die Verwendung dieses Führers erfolgt ausschließlich auf eigenes Risiko und auf eigene Gefahr, somit eigenverantwortlich. Eine Haftung für etwaige Unfälle oder Schäden jeder Art wird daher nicht übernommen.

Für Berichtigungen und Verbesserungsvorschläge ist die Redaktion stets dankbar. Korrekturhinweise bitte an folgende Anschrift:

Walter Theil, Nikolausstraße 8, D-84518 Garching a.d.Alz
Tel.: 0049/(0)8634/689803, Fax: 0049/(0)8634/689804
info@wt-buchteam.de, www.wt-buchteam.de

KOMPASS-Karten GmbH, Karl-Kapferer-Straße 5, A-6020 Innsbruck
Tel.: 0043/(0)512/2655610, Fax: 0043/(0)512/2655618
kompass@kompass.at, www.kompass.at

© Fotolia